ARABIEN

KÜCHEN DER WELT

ARABIEN

PETRA CASPAREK · ERIKA CASPAREK-TÜRKKAN

Originalrezepte und Interessantes
über Land und Leute

Rezeptfotos: Michael Brauner

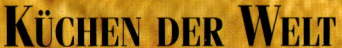

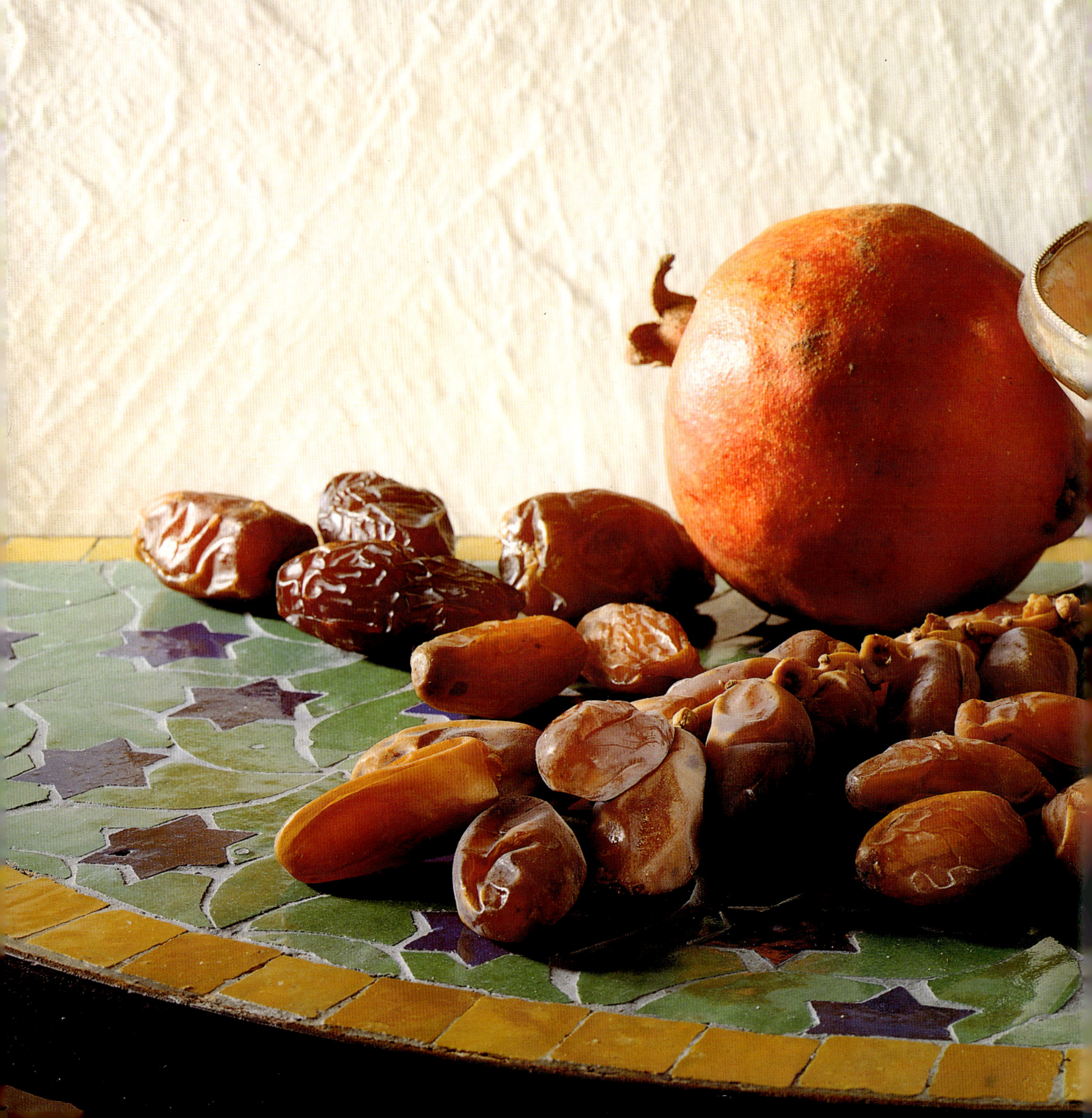

Spanien

Atlantischer
Ozean

Rabat •

Marokko

Kanarische Inseln
(Spanien)

Westsahara
(von Marokko besetzt)

Mauretanien

Algerien

Algier •

Tunis •

Tunesien

Tripolis •

Italien

Malta

Mittelmeer

Libyen

Griechen-
land

Zypern

Türkei

Syrien

Bagdad •

Irak

Iran

1

Israel
2

Jordanien

3

Arabischer Golf

4

5

VAE 6

Ma

Kairo •

Ägypten

Er Riad •

Saudi-Arabien

Rotes Meer

On

Niger

N

0   500   1000km

Tschad

Sudan

Eritrea

Äthiopien

Jemen

Sanaa •

*Arabisc
Meer*

Somalia

1 Libanon
2 Palästina
3 Kuwait
4 Bahrain
5 Qatar
6 Vereinigte
  Arabische
  Emirate

INHALT

ARABIEN: ERLEBEN UND GENIESSEN

In den Souks, den bunten lebhaften Marktvierteln der Städte und Dörfer des Vorderen Orients, der Arabischen Halbinsel und Nordafrikas, schlägt das Herz Arabiens. Denn in den Altstadtvierteln von Marrakesch oder Damaskus, von Kairo oder Sanaa mit ihrem Gewirr aus kleinen, engen Gassen pulsiert das Leben, ist man überwältigt von den Farben, Düften und Geräuschen. Vor allem in der Morgenfrische und am frühen Abend, wenn die Hitze des Tages langsam nachläßt, beleben sich die Gassen. Da wird an den Verkaufsständen geschwatzt, gefeilscht, gekauft und verkauft. Da schlendert man an Tee oder Mokka trinkenden Männern vorbei, die gemächlich ihre Wasserpfeife rauchen oder läßt sich vom Duft aus einer Straßenküche anlocken. Man wirft einen Blick in malerische Innenhöfe, hört den Ruf des Muezzin von der nahen Moschee, überquert kleine Plätze mit Brunnen, an denen sich die Frauen treffen – das gleicht sich überall und ist doch immer wieder anders. Kontrastreich und großartig ist auch die Landschaft, die man auf einer Rundreise durch die Länder der arabischen Welt bewundern kann. Ob riesige Sanddünen, paradiesische Oasen mit Palmenhainen, schroffe Berglandschaften mit grünen Terrassenfeldern dazwischen oder schneeweiße Traumstrände an den Küsten – es ist sicher für jeden etwas dabei, das unvergeßlich bleibt. Das gilt auch für die Köstlichkeiten aus den Küchen Arabiens, die sich durchaus unterscheiden. Die Spezialitäten Syriens, Palästinas, Jordaniens und des Libanon wurden durch die lange Vorherrschaft der Osmanen stark von der türkischen Küche geprägt. So gibt es in diesen Ländern viele Parallelen im Angebot ihrer Speisen. Hummus bi Tahina, Kichererbsenpaste, oder Taboule, Salat mit frischer Minze und Bulgur, kann man in jedem Land in einer anderen Variation probieren. Die Länder der Erdölstaaten bilden einen weiteren kulinarischen Block. Hier sind die Gemeinsamkeiten bedingt durch das früher recht karge und einseitige Angebot an Lebensmitteln. Die Vielzahl an Gewürzen wie Ingwer, Nelken, Piment oder Kurkuma, die recht verschwenderisch verwendet werden, ist das Erbe der Seefahrer und Händler, die schon früh mit Indien und Südostasien Handel trieben. Jemen und Oman, sowohl von Indien als auch von Ostafrika beeinflußt, bilden einen dritten Komplex. Typische Speisen wie Schafut, Hirsefladen mit Joghurtsauce, oder Sardinen in Kokosnußsauce mit dem Aroma getrockneter Zitronen finden Sie nur dort. Die Küche Ägyptens bietet wieder ganz eigene typische Gerichte, wie Foul, die stundenlang gekochten braunen Bohnen, oder Um Ali, den süßen Brotauflauf. Das Hauptthema der Küchen Nordafrikas ist Couscous, was Weizengrieß heißt, und zugleich der Name des damit zubereiteten Gerichts ist. Jede Region besitzt eigene köstliche Couscous-Spezialitäten.

Kommen Sie mit uns auf die Reise durch die Arabischen Länder. Das erste Kapitel des Buches erzählt von ihren Sehenswürdigkeiten, Landschaften und Menschen, ihrer Geschichte und vom modernen Alltag. Dann folgen die Rezeptkapitel, die nach der allgemein üblichen Speisenfolge aufgebaut sind. Typische Menüzusammenstellungen und ein Glossar mit den wichtigsten Begriffen bilden den Abschluß dieses Buches. Lassen Sie sich von den Schätzen der arabischen Küche verzaubern, nicht nur auf Reisen, sondern auch zu Hause.

LAND & LEUTE
LADEN EIN...

Mit dem Ausspruch »Bismillah« – im Namen Gottes – beginnt in Arabien fast jede Mahlzeit und endet mit »Alhamdu Iillah« – gelobt sei Gott. Unter der sengenden Sonne, in der kargen Wüste glauben die Menschen so fest wie in kaum einem anderen Teil der Erde an den Schutz eines höheren Wesens. Jeder Schluck Wasser, jeder Bissen ist für sie ein Geschenk Gottes. Und dieses Bewußtsein wurzelt nicht erst seit Kenntnis des Korans in ihnen. Vor allem die Wüstenbewohner, die mit ihren Herden umherziehenden Nomaden, vergessen zudem nicht, daß sie auf gegenseitige Hilfe angewiesen sind. Und so wird jeder, ob Freund oder Fremder, als Gast willkommen geheißen und ihm an der Tafel der Ehrenplatz eingeräumt. Die schon sprichwörtliche Gastfreundschaft in den Ländern der arabischen Welt gibt es auch heute noch. Häufig kochen die Frauen etwas mehr – es könnte ja überraschend ein Gast im Zelt oder im Haus eintreffen. An der Tafel schiebt ihm das Familienoberhaupt die besten Bissen zu. Diese Sitte läßt sich auch bei Banketten aus Anlaß einer Beschneidung, einer Hochzeit, zu den Nationalfeiertagen oder den Festen im Laufe des islamischen Jahres beobachten. Da sitzen die Männer um die runde oder lange Tafel herum und essen gemeinsam aus den bereitgestellten Schüsseln. Die besten Stücke sind den Ehrengästen vorbehalten, die sie mit einem dankbaren Nicken genüßlich in den Mund schieben. Sie abzulehnen käme einer Beleidigung gleich. Auf solchen Banketten, die meist unter einem luftigen Zeltdach abgehalten werden, gibt es üppige, kostspielige Gerichte wie im Ganzen gebratene oder gegrillte Lämmer und Berge von duftendem Reis und auch die einfachen, bodenständigen Speisen wie Weizenbrei mit wenig Fleisch, stundenlang über kleiner Flamme gekocht und mit zerlassenem Ghee, klarem Butterschmalz, und Zucker gegessen. Die Gelegenheit, an einem Festessen teilzunehmen, bietet sich für westliche Touristen leider eher selten, es sei denn, ein arabisches Essen gehört zum Programm des Reiseveranstalters. Wenn Sie das Glück haben, von einer arabischen Familie eingeladen zu werden, werden Sie feststellen, daß Männer und Frauen nicht gemeinsam essen – diese Trennung der Geschlechter wird zumindest in den streng islamischen Regionen beachtet. In den Ländern des Nahen Ostens und in den Staaten Nordafrikas sind die Sitten besonders in den Städten dem Westen gegenüber offener. Hier sitzen Frauen und Männer meistens gemeinsam an einem Tisch. Auch hier ist der Gast nach arabischer Sitte natürlich immer willkommen.

Als kleine Mittagsmahlzeit besorgen sich die Syrer gerne Falafel, die beliebten Kichererbsenbällchen, in einer nahen Garküche, wie hier in Ma'arat an-Nu'man im Norden des Landes.

Syrien

Mehr als 6000 Jahre alt und als schönste Hauptstadt der arabischen Welt gerühmt – so leicht findet sich für Damaskus keine Konkurrenz. Die durch das Wasser des Flusses Barada fruchtbar gemachte ehemalige Oase liegt inmitten der Wüstensteppe. Obwohl in der heute ständig wachsenden Stadt das Wasser rar wird, plätschert es noch immer aus unzähligen Brunnen in nach Rosen und Jasmin duftenden Innenhöfen, hält es auch die vielen Hamams, die öffentlichen Badehäuser, in Betrieb. Im Schnittpunkt zwischen Ost und West entstand Damaskus aus einer Karawanserei, einer Handelsmetropole. Und das ist sie auch heute noch für den Nahen und Mittleren Osten. Das Marktviertel, der Souk, zählt zu den größten des Orients, in dem jede Kaufmannsgilde, jedes Handwerk seinen Bereich besitzt, wie überall im Orient: die Seidenhändler, Silber- und Goldschmiede, die Seiler, Pantoffelmacher und viele mehr. In Damaskus halten unzählige Sehenswürdigkeiten aus verschiedenen Epochen, allen voran die große Omayyaden-Moschee, den Besucher in Atem. Im Bereich der Küste sowie im Inland nahe den Flüssen Euphrat und Tigris finden sich Reste alter Kulturen wie die

Ruinen der ehemaligen Handelsstadt Palmyra in der Wüste. Die religiöse und ethnische Vielfalt der Menschen Syriens, der Christen, Alawiten, Aramäer, Drusen, Kurden und Tscherkessen nährte seit jeher die Toleranz, obwohl sich Syrien als ein arabisch-islamischer Staat versteht. Sein Präsident Hafiz al-Asad strebt entwicklungspolitischen Fortschritt ohne religiöse Eiferer an. Ein wichtiges Kapitel im Leben der Syrer ist das Essen, und da fehlt es wahrlich nicht an Abwechslung. Zu den besonderen Spezialitäten der berühmten Vorspeisentafeln zählen Fattousch, Brotsalat, sowie Hummus bi Tahina, Kichererbsen-Sesampaste, um nur einige zu nennen. In Damaskus genießt man sie an heißen Sommerabenden mit der Familie oder mit Freunden, am liebsten am Flußufer des Barada.

Der Libanon

Aus dem arabischen Wort »lubnan«, weiß, der Farbe der schneebedeckten Berge, entstand der Name dieses kleinen, kompakten Staates. Bei Becharre, im Schatten des 3083 m hohen Berges Qurnat as-Sawda stehen heute nur noch einige hundert, teils 2000 Jahre alte Zedern. Schon in der Antike war der Libanon für seinen Zedernbestand berühmt und wurde bereits damals gnadenlos abgeholzt. Nicht nur Salomon und die Pharaonen benötigten gutes Holz für Schiffe, Tempel und Paläste.
Nach langen, durch den Bürgerkrieg krisenreichen Zeiten tummeln sich heute zwischen Dezember und April wieder die libanesischen Skihasen an den Hängen, während unten, am Mittelmeer, bereits die Badesaison anläuft.

Alte Kirchen und Klöster, malerische Ortschaften mit roten Walmdächern und Moscheen wie Deir el-Qamar, vom 16.–18. Jahrhundert Gouverneurssitz, liegen verstreut in den Shouf-Bergen. Nicht nur das angenehme Klima lockt die Küstenbewohner in den heißen Monaten in diese Sommerfrischen, sondern auch die Ruhe und die Schönheit der Landschaft.

Die strategisch günstige Lage zwischen Europa und dem Orient machte den Libanon zum Kreuzungspunkt vieler Kulturen. Davon zeugen noch heute phönizische Tempel in den Städten Tyros, Byblos und Sidon, christliche Kreuzritterburgen und Moscheen der Mamelucken in Tripolis sowie römische Ruinen in Baalbeck. In friedlichen Zeiten galt der Libanon als eine Art Côte d'Azur, auch als Bankenzentrum des Nahen und Mittleren Ostens, in dem sich die Wohlhabenden tummelten. Traumstrände, Luxushotels, Casinos, Nightclubs, großartige Shows und

eine verfeinerte, orientalische Küche boten Unterhaltung und Genuß im Überfluß. Die berühmten Mezze, Vorspeisen wie Auberginenpüree mit Granatapfel oder Teigtäschchen mit verschiedenen Füllungen, kann man heute schon wieder in Lokalen am Meer genießen. Am Wiederaufbau der Hauptstadt Beirut wird fieberhaft gearbeitet.

Wasserräder schaufeln das Wasser des Orontes über Aquädukte in die höher gelegenen Felder rund um die Stadt Hama.

Stoffhändler wie hier in Aleppo sind in jedem orientalischen Basar vertreten.

Rund um Jericho, das als eine der ältesten Städte der Welt gilt, verwandelt künstliche Bewässerung die karge Landschaft in fruchtbare Oasen.

Das als Schatzhaus bezeichnete Mausoleum ist das bedeutendste Gebäude der Felsenstadt Petra.

Jordanien

Vor mehr als 2000 Jahren transportierten die Karawanen der Nabatäer kostbare Güter wie Weihrauch und Myrrhe, Gewürze und Perlen von Südarabien in den Mittelmeerraum. Hauptstadt des nabatäischen Reiches war Petra, die Felsenstadt, im Süden des heutigen Jordanien. Sie ist heute mit ihren eindrucksvollen Ruinen in warmen Erdtönen ein Hauptanziehungspunkt für Jordanienreisende. Das heutige Königreich Jordanien mit seiner Hauptstadt Amman entstand nach der Zerschlagung des Osmanischen Reiches nach dem Ersten Weltkrieg und wird seit den 50er Jahren von König Hussein ibn Talal-Hussein regiert. Jordanien besteht zu gut vier Fünfteln aus Stein- und Lavawüsten, zu einem geringen Teil auch aus Sandwüste und Steppen. Diese bilden den Lebensraum der Beduinen. Noch um die Jahrhundertwende war Amman ein kleines Dorf mit vielen für die Nomaden typischen schwarzen Zelten. Einige Nomaden sieht man heute noch den Süden und Südosten Jordaniens mit ihren Schaf- und Ziegenherden durchstreifen. Aber immer mehr von ihnen wurden inzwi-

schen seßhaft und betreiben Ackerbau und Kleintierzucht.

Im Jordantal, an seinen östlichen Randhöhen und im südöstlichen niederschlagsreicheren Gebiet von al-Mafraq bis zum Toten Meer ernten die Bauern Obst und Gemüse, Getreide und Hülsenfrüchte, Wein und Oliven. Stark von der Küche Syriens und des alten Iraks sowie der Kochkunst des Libanon beeinflußt, entwickelte sich die Eßkultur Jordaniens vorwiegend in den Städten. Hier findet der Besucher zahlreiche jordanisch-arabische Restaurants, die traditionelle Gerichte wie köstlich duftendes Hähnchen mit Blumenkohl und Reis, verschiedene kalte Vorspeisen und gegrilltes Fleisch vom Drehspieß anbieten. Mit Wasser verdünnter Arrak ist neben klarem Wasser und Fruchtsäften ein beliebter Begleiter zu den Mahlzeiten. Die Spezialitäten der Beduinen, wie in Joghurt gekochtes Lammfleisch, werden bei arrangierten Besuchen für Touristen in Beduinenlagern angeboten. Den Abschluß jedes Essens bildet ein Täßchen starker, nach Kardamom duftender Mokka.

Palästina

Palästina ist das Land der Philister, eines indogermanischen Seevolkes, das im 13. Jahrhundert v. Chr. von der Ägäis aus in den südwestlichen Teil Asiens zog. Dabei kamen sie etwa zeitgleich mit den aus Ägypten ausgezogenen Israeliten in das Gebiet. Das von den Philistern eroberte Land erstreckte sich von der Randschwelle der Arabischen Halbinsel und der Sinai-Halbinsel im Süden, zwischen der Ostküste des Mittelmeeres und dem Jordangraben

bis zum Libanon. Blutige Auseinandersetzungen mit den Israeliten zogen sich durch ihre vorchristliche Geschichte bis in unser Jahrhundert. Im Ersten Weltkrieg, das Land war unter britischem Mandat, wurde es den mitstreitenden Juden versprochen, die so für die britische Sache gewonnen wurden. Doch erst nach dem 2. Weltkrieg, am 14. Mai 1948, wurde gegen die Stimmen der arabischen Staaten nach einem Plan der Vereinten Nationen der Staat Israel ausgerufen. Im Laufe blutiger Auseinandersetzungen konnte Israel seither sein Staatsgebiet noch ausweiten. Hunderttausende Palästinenser flohen in den 60er Jahren aus ihrer Heimat, wurden in riesigen Flüchtlingslagern untergebracht oder siedelten sich in Jordanien an. Bis in die jüngste Zeit kam es zwischen Mitgliedern der Palästinensischen Befreiungsorganisation, PLO, israelischen Soldaten und radikalen jüdischen Siedlern immer wieder zu verlustreichen Konfrontationen. Seit 1994 zeichnen sich einschneidende Veränderungen ab. Die israelische Regierung nahm den Dialog mit der PLO auf. Palästina kann nun wieder hoffen, auf einigen zurückerhaltenen Gebieten, die auch Bethlehem, Jericho, und das Westjordanland einschließen, als eigener Staat neu zu erwachsen. Bethlehem, die Geburtsstadt Christi, mit der Geburtskirche und der Katharinenkirche, ist zwischen Weihnachten und Ostern Ziel vieler christlicher Pilger. Die Oase Jericho im Westjordanland wurde schon vor 8000 Jahren von ersten Siedlern bewohnt. Hier lohnt es sich besonders, den Palast des Hisham, 3 km vor der Stadt gelegen, oder den Elischas-Brunnen, auch Ein

Der alte Beduine, der seine Schafe nahe Petra hütet, trägt die typische Kleidung der Gegend: ein langes Gewand, darüber ein Jackett und das Palästinensertuch auf dem Kopf.

as-Sultan genannt, anzusehen, bevor man sich ins quirlige Treiben auf den Gemüse- und Obstmärkten stürzt. Die traditionelle Küche der Palästinenser wird vor allem auch als Ausdruck kultureller Identität sorgsam gepflegt. So ist es eine besondere Freude, bei einer palästinensischen Familie zu Gast zu sein und mit typischen Spezialitäten des so alten und doch jungen Landes bewirtet zu werden: mit köstlich gefüllten Weinblättern und stark gesüßtem schwarzem Tee, mit einer speziellen getrockneten Aprikosenpaste und einer nach Salbei schmeckenden Gewürzmischung zum Aufdippen mit Brot.

Eine moslemische Hochzeit ist nicht nur für die Brautleute, sondern auch für die rund 100 Gäste ein großer Festtag. Er wird – wie hier in Amman – oft im Bankettsaal eines Hotels bei landestypischen Speisen gefeiert.

Die Moschee von Kerbela gilt als besonders heilig. Nur Moslems dürfen sie betreten.

Irak

Der Irak, das Zweistromland, ist eines der ältesten Siedlungsgebiete der Menschheit. Akkader, Babylonier, Assyrer und Perser gründeten hier die ersten Weltreiche. Am Schnittpunkt der Handelsrouten zwischen Ost und West, Süd und Nord gelegen, profitierte Mesopotamien – so wurde das Land zwischen Euphrat und Tigris früher genannt – von seiner günstigen Lage. Den häufigen Überschwemmungen der beiden Flußläufe, die reichlich nährstoffreichen Schlamm auf die Felder spülten, verdankte der Boden seine Fruchtbarkeit. Sumerische Keilschriftfunde aus dem 4. Jahrtausend v. Chr. belegen schon den Anbau von Feigen, Granatäpfeln, Aprikosen, Zwiebeln, Lauch, Knoblauch und Gurkengewächsen an den Ufern der zwei Ströme. Auch die Dattelpalme wurde schon kultiviert. Dank moderner Bewässerungsanlagen gedeihen heute Weizen, Gerste, Reis, Tabak, Obst und Gemüse auf großen Plantagen. Nach der Verbreitung des Islam im 7. Jahrhundert n. Chr. entwickelte sich Bagdad im 8. Jahrhundert zum Zentrum des arabisch-islamischen Weltreiches und zur größten und wohlhabendsten Stadt der damaligen Welt. Zur Zeit des Kalifen Harun ar-Raschid (786–809) zählte Bagdad etwa 1 Mio. Einwohner. Dichter und Sänger, Wissenschaftler und Philosophen zog es in die Metropole und zu ihren finanzkräftigen Mäzenen. Auch die Kochkunst war hoch angesehen. Nicht selten wurde das extravagante Bankett eines reichen Bagdaders zum Stadtgespräch des folgenden Tages.

Die Staatsgrenzen des heutigen Irak entstanden um 1921. Seit 1979 ist Saddam Hussein Staats-, Regierungs- und Parteichef sowie Oberkommandierender der Streitkräfte der Republik Irak. Nach dem acht Jahre dauernden Krieg mit dem Iran und nach der gescheiterten Besetzung Kuwaits ist die Infrastruktur des Landes weitgehend zerstört. Die wirtschaftliche Lage des Irak wurde durch das Erdölembargo stark geschwächt und der Tourismus kam zum Erliegen. Das reizvolle Land

Lehm ist im Irak seit alters her das Material, aus dem die Häuser gebaut werden. Viele sind ein- oder zweiräumige Bauten mit flachem Dach. Da Holz teuer und rar ist, besteht es oft auch aus Lehm.

mit seinen wertvollen Kulturdenkmälern – wie die Tempel- und Palastanlagen von Babylon, die Ruinen von Assur mit dem Stufenturm (Zikkurat) oder die große Moschee von Bagdad, um nur einige zu nennen – bleibt so den interessierten Besuchern vorerst verschlossen. Auch die kulinarische Vielfalt des Landes kann nur am eigenen Herd oder beim Besuch eines irakischen Restaurants entdeckt werden. Doch auch in unseren Breiten schmecken Safran-Mandelreis, mit Reis gefülltes Hähnchen und gefülltes Dattelgebäck, und sie vermitteln durch Duft und Geschmack eine Ahnung von der ehemals so raffinierten Kochkultur des Irak.

Kuwait

Der flächenmäßig kleine Wüstenstaat am Persischen Golf kam 1990 in die Schlagzeilen, als er von irakischen Truppen besetzt wurde. Anfang 1991 von den Besatzern befreit, kehrten Ruhe und Ordnung wieder ein. Das Emirat zählt aufgrund seiner Erdölvorkommen zu einem der reichsten Länder der Welt und investiert freigiebig in das modern ausgebaute Gesundheitswesen und in das fortschrittliche Bildungssystem. Das recht karge Land wirft kaum landwirtschaftliche Erträge ab, nur an der Küste und in einigen Oasen, wie etwa Jahra, wurde der Boden großflächig kultiviert. Die meisten Produkte werden deshalb importiert. In Kuwait City, der Hauptstadt des Emirats, beherrschen Großbanken, Luxushotels und Schnellstraßen mit amerikanischen Großraumlimousinen das Stadtbild. Nur der alte Fischereihafen und einige unter

Denkmalschutz stehende Händlerhäuser erinnern noch an vergangene, entbehrungsreiche Zeiten. Vor dem warmen Regen der Petrol-Dollars basierte die Wirtschaft Kuwaits auf Fischerei und Perlentaucherei, auf dem Bau der bauchigen Dhaus, der typischen Holzsegelschiffe der Arabischen Halbinsel, sowie dem Südostasien- und Ostafrika-Handel. Der Kontakt zu Südostasien brach seitdem nicht ab, denn Ausländer aus dieser Region verrichten vornehmlich als Arbeiter und Dienstleistende die für die Kuwaitis unattraktiven Arbeiten. Aber auch hochqualifizierte Spezialisten heuerte das Land an. Denn die aufblühende Industrie ließ eine Unzahl neuer Arbeitsplätze entstehen. Das multikulturelle Straßenbild Kuwaits prägt auch das kulinarische Angebot. Die Restaurants der großen Hotels stehen mit internationalen Spezialitäten dem zahlungskräftigen Publikum offen. In kleineren Restaurants läßt sich zum Beispiel die unverfälschte Küche der indischen oder libanesischen Gastarbeiter in oft hervorragender Qualität probieren. Die original arabisch-kuwaitischen Spezialitäten sind leider unterrepräsentiert, Restaurants findet man nur mit viel Gespür oder Glück.

Viele Iraker lassen sich ihren Anzug beim Schneider im Basar anfertigen. Das kleine Schwätzchen mit dem Kunden wie hier in Basra gehört unbedingt dazu.

Der Dubai-Creek, ein etwa 12 km langer, ins Land hineinragender Meeresarm, teilt die Neustadt von Dubai im Norden von der Altstadt im Süden. Die günstigste Art den Creek zu überqueren, ist das Wassertaxi. Es wird vorwiegend von Arbeitern und Touristen genutzt.

Saudi Arabien

Das Königreich Saudi Arabien erstreckt sich über etwa drei Viertel der Arabischen Halbinsel. Nur gut 0,5 Prozent der Fläche sind kultiviert, hauptsächlich besteht das Land aus Wüste und karstigem Bergland. Die Hauptstadt Riad liegt inmitten von Steinwüsten. Mekka und Medina, die wichtigsten Pilgerstätten des Islam, liegen im westlichen Teil des Landes, in der Provinz Hedjas mit ihren vulkanischen Felsenlandschaften. Wie ein Ozean aus Sanddünen erstreckt sich die Wüste Rub al-Khali, das »leere Viertel«, vom Süden der Arabischen Halbinsel bis tief in ihr Zentrum hinein, sie umfaßt gut 750 000 qkm. Früher hauptsächlich von Beduinen bewohnt, veränderte sich das Land mit seiner Bevölkerung in den 70er Jahren schlagartig. Die immensen Ölfunde und der Anstieg des Welt-Ölpreises brachten Saudi Arabien

seinen Reichtum. Innerhalb nur einer Generation tauschten die Berber ihre Zelte gegen luxuriöse Häuser in den rasant wachsenden modernen Städten aus. Arbeiter aus Pakistan, Indien und anderen südostasiatischen Ländern wurden angeheuert, sowie ägyptische und jemenitische Fachkräfte, europäische und amerikanische Ingenieure. Der König von Saudi Arabien ist gleichzeitig absoluter Herrscher, oberster Richter und geistliches Oberhaupt über die Bevölkerung des konservativsten aller arabischen Länder.

Qatar, Bahrain

Auch Qatar verdankt seinen wirtschaftlichen Aufschwung seinen Erdölquellen sowie einem großen Erdgasvorkommen. Der Staat, der nur etwa halb so groß wie das Bundesland Hessen ist, liegt auf einer Halbinsel, die in den Persischen Golf hineinragt. Vor dem

Ölreichtum war Qatar ein unfruchtbares Wüstenland, das Nomaden auf der Suche nach spärlicher Nahrung für ihre Herden durchstreiften.

In Qatar herrscht ein Emir, dessen Thronfolge erblich ist. Der Ölreichtum kommt auch seinem Volk zugute, das soziale Netz ist großzügig ausgebaut, Meerwasseraufbereitungs-Anlagen versorgen die Qatari und ihre Felder mit Wasser.

Der aus 33 Inseln bestehende Staat Bahrain mit der Hauptstadt al-Manamah liegt im Persischen Golf vor der Ostküste Saudi Arabiens. Der Reichtum des von einem Scheich regierten Landes stützt sich nicht nur auf einige Ölquellen, sondern auch auf riesige Industrieanlagen und Rohölraffinerien. Der westlichen Sitten gegenüber liberal eingestellte islamische Staat beherbergt zudem das Bankenzentrum des Golfs und wird von vielen Fluggesellschaften als Zwischenstop auf Flügen nach Fernost angeflogen.

Wer nicht nur zwischenlanden möchte, kann zahlreiche kleinere Städte mit engen Gassen und Marktvierteln, kleinen Moscheen und Häusern mit wundervoll geschnitzten Holztüren entdecken.

Vereinigte Arabische Emirate (VAE)

Sieben Scheichtümer – Abu Dhabi, Dubai, Ash Shariqah, Ajman, Umm al Qayway, Ra's al Khaymah und Al Fujayrah – haben sich 1971 zu einer Föderation zusammengeschlossen; ihr Regierungssitz ist in Abu Dhabi. Die im Osten der Arabischen Halbinsel am Persischen Golf liegenden Emirate kamen wie alle Ölstaaten plötzlich zu

großem Reichtum. Sie entwickelten sich in den 70er Jahren in Windeseile zu hochmodernen Zentren. Große Supermärkte mit amerikanischem und europäischem Angebot, pompöse Einkaufszentren mit Luxusartikeln aus aller Welt und Souks mit einheimischen Waren, und natürlich die in ihrer Pracht einmaligen Goldbasare existieren in den Städten wie selbstverständlich nebeneinander. Die Emirate verfügen über ein großzügiges soziales Netz, ärztliche Versorgung etwa ist für die Einheimischen kostenlos.

Essen und Trinken

In den Städten der VAE, Saudi Arabiens, Qatars und Bahrains finden sich eine Unmenge internationaler Restaurants. Schwieriger ist es schon, außer Haus original arabisch zu essen. Durch die Nähe zu Indien und dem Südostasiatischen Raum zählen die regionalen Spezialitäten zu den am reichsten gewürzten der arabischen Welt. Mit etwas Glück findet man eines der Ausflugslokale an den Stränden oder in den Oasen, wo die heimischen Großfamilien Fleisch und Fisch vom Grill und Spezialitäten wie Fischcurry oder Süßer Reis genießen.

Mit dem »schwarzen Gold« kam der Reichtum. Auf der Autobahn durch die Liwa-Oasen fährt man an Ölfördertürmen vorbei.

Fünfmal am Tag rollen Moslems ihre Gebetsteppiche aus. Sie beten in Richtung Mekka, dem Geburtsort des Propheten Mohammed.

Im Gebirgsdorf Misfah, nahe der Hauptstadt Maskat, wird das Wasser morgens und abends durch Kanäle den Feldern zugeleitet.

Für die Mahlzeiten wird im Jemen traditionell auf dem Boden gedeckt. Männer und Frauen essen nicht gemeinsam.

Oman

Im Südosten der arabischen Halbinsel, wo sie in der Form einer Stiefelspitze ähnelt, liegt das Sultanat von Oman. Eindrucksvolle Landschaften aus Ebenen, felsigen Bergketten, Hochplateaus, ausgetrockneten Flußbetten (Wadis) und Wüsten wechseln einander ab. Die Oasen und Siedlungen profitieren noch heute von dem seit 2000 Jahren genutzten Faladsch-Bewässerungs-System, das von entfernten Quellen das lebenswichtige Naß durch Tunnel und Kanäle zuleitet. Angebaut werden vor allem Datteln und Zitronen, aber auch Mangos, Kokosnüsse und Granatäpfel. Gemüse wie Tomaten, Paprika und Auberginen kommen größtenteils aus Treibhäusern im Küstenbereich.

Im Grenzgebiet zum Jemen machte die Dhofar genannte Region als legendäres Weihrauchland Geschichte. Das Harz des Weihrauchbaumes, eines der wertvollsten Handelsgüter der Antike, wurde zum Einbalsamieren verwendet. Sein aromatischer Rauch war bei kultischen Ritualen der Ägypter, Griechen und Römer unentbehrlich und gelangte über die Weihrauchstraße auf Kamelrücken in den Westen. Wohlstand

erlangten die Omanis auch durch den Seehandel mit Afrika, Indien und Ostindien. Omanische Handelsleute sorgten dabei für die Verbreitung des Islam in diesen Regionen. Anfang des 19. Jahrhunderts besetzte Oman Sansibar, Teile Ostafrikas, Persiens und Belutschistans (im heutigen Grenzland von Irak, Pakistan und Afghanistan). In den Küstengebieten des Oman leben noch heute Minderheiten aus den ehemaligen Kolonien, die gegenüber den weiß gewandeten Arabern durch ihre bunte Kleidung auffallen. Die meisten Omanis, deren Vorfahren etwa um 2000 v. Chr. aus dem Jemen eingewandert waren, gehören zu einem der rund 400 Stammesverbände, die das Zusammenleben bestimmen. Seit 1970 führt Sultan Kabus bin Said das bis dahin von der westlichen Welt total abgeschottete Land mit behutsamer Hand und der Hilfe des Erdöls in die Moderne. Zu den wichtigsten Sehenswürdigkeiten des Landes zählen die Hauptstadt Maskat, die alte Hafenstadt Sur mit imposanten Handelshäusern, die malerische Bergoase Bilad Sayt oder Mudairib, eine der schönsten Oasensiedlungen mit mächtigen Wohnburgen und natürlich der Dhofar mit Weihrauchsträuchern. Ihr duftendes Harz verbreitet Wohlgeruch in jedem Haushalt. Eine reiche Gewürzauswahl sorgt für viel Abwechslung in der Küche, vor allem das Aroma der getrockneten Zitronen stellt etwas ganz Besonderes dar.

Die Republik Jemen

Das Land der sagenumwobenen Königin von Saba, im Süden der Arabischen Halbinsel gelegen, charakterisieren

verschiedene faszinierende Regionen: Der vom Regen begünstigte bergige Norden begeistert mit schönen, wilden Landschaftsbildern, mit Turmhäusern auf Felsgraten und Terrassenfeldern, die bis zu den Salzsteppen der Tihama-Ebene abfallen. Die Küstenstreifen am Roten Meer mit ihren weißen Sandstränden sind heiß und schwül. Südjemen mit dem Wadi Hadramaut, karger als der Norden, besticht ebenfalls durch einzigartige landschaftliche Schönheit. Und auch hier wird, wie im Nordjemen und der Hauptstadt Sanaa, die Baukunst bestaunt. Bis zu zehn Stockwerke reichen Hochhäuser aus Lehm oder Stein mit filigran verzierten Fassaden und bunten Fenstern. Viele wurden vor Jahrhunderten als Schutzbauten errichtet, denn über lange Zeit bestimmten die häufigen Fehden der Stammesverbände, mit Imamen an der Spitze, die Geschicke des Jemen. Seit 1993 sind Nord- und Südjemen

vereint. Außer Landschaft und Architektur begeistern vor allem die lebhaften Märkte. In Sanaa bieten Frauen, in bunt bedruckte Tüchter gehüllt, Stapel von selbst gebackenen Brotfladen an, brodelt das Nationalgericht Selta, Suppe mit Bockshornkleesamen, auf den Öfen der Garküchen, flattern bunte Hüfttücher für die Männer über den Köpfen der flanierenden Jemeniten, die meist den verzierten Krummdolch im Gürtel tragen. Am Mittag leeren sich schlagartig die Gassen zum täglichen Ritual, dem Kat-Kauen. Dazu läßt man sich am liebsten im Mafradsch, im höchsten Stockwerk des Hauses auf weichen Polstern nieder. Früher nur der Oberschicht vorbehalten, entwickelte sich das Kauen der berauschenden Blätter zu einer Volkssucht. So mußten für den Kat auch die meisten Kaffeesträucher auf den Terrassenfeldern weichen, die einst den Jemen berühmt und reich machten.

Die von Mauern umgebene Altstadt von Sanaa ist für ihre schmalen hohen Wohnhäuser berühmt. Die Fassaden sind reich mit weiß gekalkten Reliefs und Mustern aus Ziegeln oder Stuck geschmückt.

Ägypten

1200 km lang zieht sich der Nil von Süden nach Norden durch die wüste, karge Landschaft Ägyptens. Flankiert wird er von mehr oder weniger fruchtbarem Land zu beiden Seiten des Ufers. Getreide, Gemüse und Viehfutter werden hier seit Jahrtausenden von Fellachen, den Nilbauern, angebaut, die bis zu drei Ernten im Jahr einbringen. Dem lebensspendenden Strom verdankt Ägypten auch seine reiche, bewegte Geschichte. Die Pyramiden von Gizeh vor den Toren der Hauptstadt Kairo geben Zeugnis davon, sowie zahlreiche Tempel und Gräber, wie die Tempelanlagen von Luxor, die Grabanlagen im Tal der Könige oder der Tempel von Karnak. Und immer wieder stößt der Besucher dort auf Fresken, Reliefs und Skulpturen, die von den Riten der alten Ägypter erzählen, von ihrem Totenkult, ihren Göttern, aber auch vom alltäglichen Leben.

Das heutige Ägypten lebt immer noch vom Nil, doch reichen die Ernten lang nicht mehr aus, um das in großem Tempo wachsende Volk zu ernähren. Man weicht auf Oasen aus, die nach neuesten Erkenntnissen bewirtschaftet werden, auch werden viele Lebensmittel importiert. Kairo, die Zwölfmillionenstadt – oder sind es schon vierzehn Mio., genau weiß das niemand – wächst unaufhörlich, und damit auch die Probleme ihrer Infrastruktur. Der nicht abreißende Verkehrsstrom, der sich durch Straßen und Gassen schlängelt, sowie das ständige Gewimmel der Menschen in den Souks und auf den Straßen prägen die Stadt. Das Gefälle zwischen arm und reich ist in der quirligen Metropole nicht zu übersehen, und soziale Konflikte sind vorprogrammiert. Auf der einen Seite steht die wohlhabende Schicht, die gerne zeigt, daß sie gut zu leben versteht. Auf der anderen Seite befinden sich die Ärmsten der Armen, die ihre Behausungen

sogar auf den Friedhöfen errichten. In den Gassen der alten Viertel Kairos geht das Leben trotz aller Widersprüche noch seinen gemächlichen Gang wie eh und je. Männer, die Wasserpfeife rauchend in den Caféhäusern sitzen, Kinder in ihren Schuluniformen, die zum Brotholen ausgeschickt werden, Straßenhändler, die ihre Waren lautstark anbieten, gehören hier zum Straßenbild.

Das mediterrane Alexandria, 331 v. Chr. von Alexander dem Großen gegründet, war in griechischer und römischer Zeit die Hauptstadt Ägyptens. Alexandria zog schon zur Jahrhundertwende unseres Jahrhunderts westliche Besucher an, vor allem Künstler und Intellektuelle, die sich in dem warmen Seeklima von den in griechischem und italienischem Stil erbauten Häusern, vom orientalischen Flair in den Souks und von dem rührigen Treiben im Hafengebiet inspirieren ließen. Heute ist von dieser Atmosphäre nicht mehr allzuviel zu spüren, die malerischen Villen sind modernen Hochhäusern zum Opfer gefallen. Kulturelle Sehenswürdigkeiten wie das römische Amphitheater oder das Griechisch-Römische Museum sowie die kilometerlangen Badestrände ziehen dennoch Besucher in Scharen an. Zum Baden und Tauchen laden die Südküste der Sinai-Halbinsel und der Golf von Akaba ein. Hier entstanden große Ferienzentren, die zum Entspannen nach einer ausführlichen Rundreise durch das geschichtsträchtige Land bestens ausgerüstet sind.

Die Küche Ägyptens ist sehr vielfältig. Die kleinen runden Fladenbrote, das Bohnengericht Foul oder die fritierten Bohnenbällchen Tamiya werden vieler-

orts auf den Straßen frisch angeboten. In den einfachen Teehäusern genießt man stark gesüßten, mit frischer Minze aromatisierten schwarzen Tee, in den Cafés kann man aus einem überwältigenden Angebot an Kuchen und Süßspeisen auswählen. In den Restaurants werden gegrilltes Fleisch und Fisch sowie gefüllte Täubchen angeboten. Köstliche Getränke wie Tamarinden- und Lakritzsaft, frisch gepreßte Fruchtsäfte und Karkadeh, ein Hibiskusaufguß, sowie alkoholische Getränke wie ägyptischer Wein, besonders der Rosé-Wein, oder im Land gebrautes Bier sind erfrischende Begleiter zu den Mahlzeiten.

Die riesigen Pyramiden von Gizeh dienten als Grabmäler, die die mumifizierten Körper der Gottkönige, der Pharaos, für die Ewigkeit bewahren und so ihre Unsterblichkeit sichern sollten.

Der berühmteste Bazar Kairos, der Khan el-Khalili, ist ein Paradies für Bauchtänzerinnen. Die Tuch- und Kleidungshändler bieten bezaubernde Kostüme und Zubehör an.

Libyen

Eine Fläche von 1,7 Mio. qkm machte Libyen zum viertgrößten Staat Afrikas. Allerdings besteht das Land zu 94 Prozent aus Wüste. Nur ein schmaler Steppenstreifen hinter dem Saum der Mittelmeerküste sowie ein kleines Agrargebiet im Westen des Landes, in der Provinz Tripolitanien, dazu einige Dattel-Oasen sind landwirtschaftlich nutzbar. Regen fällt nur gelegentlich an der Küste. Im Landesinnern herrscht extremes Wüstenklima mit Nachtfrösten bis −12 °C im Winter und Tagestemperaturen bis +58 °C im Sommer. Libyens Küste wurde schon im 8. Jahrhundert v. Chr. vom Meer aus erobert und besiedelt. Phönizische Seefahrer, Römer, Vandalen, Araber, Osmanen und zuletzt, bis 1943, Italiener beherrschten das Land und beeinflußten seine Geschicke.

Das nach dem Zweiten Weltkrieg gegründete Königreich Libyen wurde nach einem Putsch 1969 von der Sozialistischen Libysch-Arabischen Volksdjamahirija abgelöst mit Oberst Muhammar al-Khadhafi an der Spitze. Dank der Ölquellen führte Khadhafi sein Land in den Wohlstand, schottete es jedoch durch seine, vom Sozialismus und dem Koran geprägte Ideologie, vor allem gegen den Westen, ab. So bleiben die Sehenswürdigkeiten des Landes, die Baudenkmäler an der Küste, die Moscheen und das Souk-Viertel in der Altstadt von Tripolis, die grandiose Schönheit der Wüste und ihrer Oasenstädte westlichen Touristen verwehrt. Die heutige Bevölkerung Libyens besteht aus einer Mischung von Berbern, Beduinen, Arabern und Schwarzafrikanern. Aus ihrer Bauern- und Nomadenkultur entstand eine rustikale Küche mit nahrhaften Suppen, mit Nudel-, Couscous- und Gemüsegerichten. Besonders beliebt sind Lammgerichte, sie fehlen bei keiner Festmahlzeit, so auch die mit Couscous und Rosinen gefüllte Lammbrust.

Tunesien

Marokko, Algerien und Tunesien bezeichnen sich als Maghreb, was soviel heißt wie »der Westen«. Tunesien, der kleinste Staat des Maghreb, lockt mit ganz unterschiedlichen Landschaften: der grünen Nordküste mit den Ausläufern des Atlasgebirges, mit Weinhängen und kleinen Wäldern. Sie liegt Europa am nächsten. Bei klarer Sicht kann man Sizilien ausmachen. Südlich dieser Region beginnt die Steppenlandschaft mit Kairouan, der heiligen Stadt des Islams, im Mittelpunkt. Salzseen wie der Chott el Djerid und die rundum verstreuten Oasen mit 1,5 Mio. Dattelpalmen bilden den Übergang zu den Sand- und Geröllweiten der Sahara. Hinter der Küste,

Den Besuch ihres Stamm-Kaffeehauses in Mejes el Bab nahe Tunis lassen sich die Männer auch im Winter nicht nehmen. In ihre weiten Mäntel gehüllt, diskutieren sie über Gott und die Welt. – Ihre Frauen bleiben wie immer zu Hause.

nach Osten, bis zur Ferieninsel Djerba, erstrecken sich im fruchtbaren Sahelgebiet riesige Plantagen mit Zitrusfrüchten und an die 13 Mio. Olivenbäume. So kommen etwa eineinhalb Bäume auf jeden der 8 Mio. Tunesier. Die Ruinen der von Phöniziern um 800 v. Chr. gegründeten Stadt Karthago im Golf von Tunis erinnern an den Feldherrn Hannibal und die Punischen Kriege. Rom blieb Sieger und ernannte Karthago zur Metropole seiner Provinz Africa. Ganz nahe bei Karthago liegt Tunis, die heutige Hauptstadt der Republik und eine der bedeutendsten und offensten Metropolen der islamischen Welt. Europa und Afrika treffen sich auf der Prachtstraße, der Avenue Habib Bourgiba, die sich bis zum Bab el Bhar (Porte de France) hinzieht, dem Eingang zur Medina, der Altstadt. Wer auf dem Boulevard an exklusiven Modeshops und Straßencafés vorbei flaniert, erlebt, sobald er die engen Gassen der Medina betritt, den Orient pur. Da verzaubern Düfte, vor allem das »Nationalparfüm« Jasmin, das aus zierlichen Flacons strömt, das Glitzern in den Auslagen der Goldschmiede oder die herrlichen Knüpf- und Webarbeiten der Teppichhändler. Dazwischen bahnen sich Teeverkäufer ihren Weg, fällt der Blick auf einen Stand mit frischem Dattelgebäck. Neben zahlreichen Moscheen zählt vor allem das Bardo-Museum mit Mosaiken der Römer zu den wichtigsten Sehenswürdigkeiten. Der Ort Sidi Bou Said, nahe bei Tunis über dem Meer gelegen, beeindruckte mit maurischer Architektur, weißen Häusern und hellblauen Fensterläden schon 1914 die Maler Paul Klee und August Macke. Das Café des Nattes im Zentrum hielten sie in

lebhaften Farben fest. Doch auch die malerischen Küstenorte mit alten Stadtkernen wie Hammamet, Monastir und Sousse sind einen Besuch wert. Die Gäste genießen hier nicht nur feinsandige Strände, sondern auch die Küche: herzhafte Gemüsepürees, würzige Teigtaschen und Couscous mit Fisch. Dazu trinken sie den köstlichen Wein des Landes.

Nach Tamerza, der größten von drei Bergoasen an der algerischen Grenze, gelangt man durch wildromantische Landschaft.

Tuareg-Hochzeit in der libyschen Wüste: Der Bräutigam wartet mit den Trauzeugen auf die Braut.

*Fantasia werden die Reiter-
spiele genannt, die zu jedem
größeren Fest der Lokal-
heiligen, wie hier in Meknes,
dazugehören. Am Schluß
werden die Gewehre in die
Luft oder in den Sand ab-
gefeuert.*

Algerien

Der zweitgrößte Staat Afrikas, die
sozialistische Volksrepublik Algerien,
stößt mit seinen Grenzen bis in die
heißesten Zonen der Sahara vor, in das
Gebiet der stolzen Reiter, der Tuaregs.
Nur ein Fünftel Algeriens läßt sich
landwirtschaftlich nutzen, vor allem der
sogenannte Tell, der Streifen an der
1200 km langen Mittelmeerküste. Der
Rest ist Steppe, Bergland, Geröll- und
Sandwüste. Doch kann man gerade
in Teilen dieser Regionen noch das
ursprüngliche Algerien erleben: in den
Oasen, die feinste Datteln liefern, in
den Dörfern des Tell-Atlas hinter der
Küste, im Hochland der Schotts mit
abflußlosen Salzseen. In abgeschiede-
nen Dörfern leben noch viele Berber,
hier Kabylen genannt, als Halbnomaden
vom kargen Getreideanbau, von Schaf-
und Ziegenherden. Seit etwa 4000
Jahren siedeln Berberstämme an der

Mittelmeerküste Afrikas, so auch in
Algerien. Phönizische Händler, römische Invasoren, Araber, die den Islam
mitbrachten, Seeräuber und osmani-
sche Eroberer begleiten ihre Geschichte und die des Landes. Das Rückgrat
der algerischen Wirtschaft ist der
devisenbringende Handel, hauptsächlich mit Erdöl und Erdgas. Gut die
Hälfte der Bevölkerung lebt heute in
den Ballungszentren der Küste, vor
allem in der Hauptstadt Algier. Der
Einfluß der über 130jährigen französi-
schen Fremdherrschaft (1830–1962),
macht sich hier stark bemerkbar.
Ganze Stadtviertel, Moscheen und
Paläste fielen Europäisierungs-
versuchen zum Opfer, machten Schnellstraßen und tristen Büroblocks Platz.
Dafür finden sich im Hinterland der
Küste reizvolle Ziele, Constantine und
Tlemcen, beides Städte mit reicher
Geschichte, die Oasen Biskra, Djelfa,
El-Golea und El-Qued und die im

nubischen Stil erbaute Wüstenstadt Salah. Von Reisen in dieses Land ist aufgrund der politischen Lage zur Zeit jedoch dringend abzuraten. So läßt sich auch die algerische Küche mit herzhaften Gemüsepfannen oder das traditionelle Sferia, Huhn-Tajine mit Brottalern, leider noch nicht vor Ort probieren.

Das Königreich Marokko

Nur durch die Meerenge von Gibraltar getrennt, liegt Marokko von allen arabisch geprägten Ländern Nordafrikas Europa am nächsten. Gleichzeitig dient diese Wasserstraße als Grenze zweier völlig unterschiedlicher Kulturen. In diesem westlichen Teil des Morgenlandes, der ab dem 7. Jahrhundert n. Chr. von den Glaubensträgern des Islam, den Arabern, erobert wurde, entwickelte sich eine Hochkultur eigener Art. Sie zeigt sich nach außen in der Architektur, in der Fayencekunst, in wunderbaren Stuck- und Holzarbeiten. So lassen sich Besucher von den märchenhaft anmutenden Palästen und den Minaretten in den Königsstädten Fès, Marrakesch, Meknes und Rabat verzaubern oder von den Düften der Gewürzläden in den Souks betören. Auf dem Jemaa el Fna, dem einer Freilichtbühne ähnelnden Platz in Marrakesch, faszinieren Schlangenbeschwörer und Wunderdoktoren ihr Publikum, öffnen gegen Mittag die Straßenküchen ihre Suppentöpfe, brutzeln Kebab-Spieße über glühender Holzkohle. Die gemischte Bevölkerung aus Berbern, hellhäutigen Arabern und Schwarzafrikanern vervollständigt mit ihren Dschellabas, langen Kapuzen-Gewändern, und Babuschen, Pantoffeln, das exotische

Bild. Das Volk regiert König Hassan II. seit 1961 mit sicherer Hand. Besuchern kann das Land viel bieten, vor allem Ausflüge zu malerischen Dörfern im Atlas-Gebirge, z.B. nach Taroudannt mit seiner von mächtigen Mauern umgebenen Altstadt. Die Lehmburgen im Tal des Draa, die Dattelpalmen im Ziz-Tal und Tan-Tan am Rand der Sahara sind nur einige von vielen sehenswerten Zielen. Nicht zu vergessen: die Küsten mit ihren breiten Sandstränden und Badeorten am Atlantik zwischen Tanger und Agadir. Vor allem aber ist Marokko auch wegen seiner Küche mit ihren köstlichen Tajine-(Schmor-) und Couscous-Gerichten berühmt. Eines der beliebtesten Gerichte ist Lamm-Couscous mit sieben Gemüsen. In den »Restaurants marocains«, etabliert in wunderschönen, alten Bürgerpalästen der Königsstädte speist man besonders typisch, genießt zugleich die maurische Wohnkultur und zum Abschluß leckere Gazellenhörner und Minzetee.

Das 1214 errichtete Bab Mahrouk, im Hintergrund zu sehen, ist das älteste Tor der Stadt Fès.

Das Erg Chebbi ist die größte Dünenlandschaft Marokkos. Die rötlich leuchtenden Dünen, die nahe der algerischen Grenze liegen, erreichen eine Höhe von über 100 m.

VORSPEISEN UND SALATE

Im Nahen Osten werden Gäste mit einer geradezu unvergleichlichen Fülle an Vorspeisen bewirtet. An der Spitze stehen der Libanon und Syrien, gefolgt von Jordanien und Palästina. Zu Hause kommen oft bis zu zehn, in einem Restaurant nicht selten bis zu 50 kalte und warme Vorspeisen, Mezze, in kleinen Schüsselchen auf den Tisch. Raffiniert zubereitete Gemüse wie Baba Gannouj und Salate wie Tabouleh, pikante Pasten und Dips wie Hummus sowie gefüllte Teigtäschchen und Weizenschrotbällchen wie Kibbeh, die Sie in diesem Buch erst im Kapitel Eier, Nudeln, Reis, Brot und Pasteten bzw. Fleisch, Geflügel und Innereien finden, da sie sowohl als Vorspeise als auch als Hauptspeise serviert werden können, sind nur einige Beispiele einer höchst verfeinerten Kochkultur und Lebensart. Man genießt sie in geselliger Runde und läßt sich soviel Zeit dabei, daß die Hauptgerichte fast zur Nebensache werden. Im Libanon und in Syrien gibt es Arrak, Anisschnaps, mit Eiswasser verdünnt und Wein als Getränke dazu. Meist aber wird, wie in den anderen arabischen Ländern auch, einfach nur frisches Quellwasser oder ein gekühlter Fruchtsaft zum Essen getrunken. Und nie fehlt es an frischem Fladen- oder Baguettebrot. In der nordafrikanischen Küche fällt das Vorspeisenangebot sparsamer aus und dient vor allem dazu, den ersten Hunger zu beschwichtigen, etwa mit einem Gemüsesalat wie Salata Mischwiya, einem Rote-Bete-Kartoffelsalat wie

Salatit Lift Ahmar oder einer knusprig ausgebackenen Teigtasche wie Brik. Häufig werden jedoch Vor- und Hauptspeisen zugleich aufgetragen, so wie es in der arabischen Küche allgemein Sitte ist. Da greift jeder mal hier, mal da nach Geschmack zu. Und so bietet der ständige Wechsel der verschiedenen Aromen, von mild bis scharf, von sauer bis süß der Zunge raffiniert-kulinarische Reize.

Rote-Bete-Kartoffelsalat

Marokko · Gut vorzubereiten Salatit Lift Ahmar

Zutaten für 4 Portionen:
1 kg rote Bete
500 g Kartoffeln, festkochend
2 Frühlingszwiebeln
4 mittelgroße Tomaten (400 g)
2 Knoblauchzehen
¹/₂ Bund glatte Petersilie
8 Zweige Koriander
6–7 EL Weißweinessig
8 EL Olivenöl, kaltgepreßt
Salz · schwarzer Pfeffer,
frisch gemahlen
1 Prise Cayennepfeffer
100 g schwarze Oliven

Zubereitungszeit: 35 Min.
(+ 1¹/₂ Std. Garen
+ 30 Min. Kühlen)
Pro Portion:
1900 kJ/450 kcal

1 Rote Bete waschen, in einem Topf mit Wasser bedeckt bei mittlerer Hitze etwa 1¹/₂ Std. zugedeckt kochen, bis man mit einer Gabel mühelos hineinstechen kann. Kochwasser abgießen, 4 EL davon aufheben. Die Knollen abschrecken, abkühlen lassen.

2 Etwa 30 Min. vor Garzeitende die Kartoffeln waschen, in einen Topf geben, mit Wasser bedeckt je nach Dicke in 25–30 Min. garen, kalt abschrecken und abkühlen lassen. Dann rote Bete und Kartoffeln pellen, halbieren und in etwa ¹/₂ cm dicke Scheiben schneiden, in getrennte Schüsseln geben.

3 Frühlingszwiebeln putzen, waschen, abtropfen lassen und in Ringe schneiden. Die Tomaten mit kochendheißem Wasser überbrühen, häuten, dabei die Stielansätze herausschneiden. Die

Tomaten halbieren, Kerne und Flüssigkeit entfernen, das Fruchtfleisch würfeln. Frühlingszwiebeln und Tomaten zur roten Bete geben.

4 Knoblauch häuten und klein würfeln. Petersilie und Koriander abbrausen, Blättchen abzupfen und die Kräuter fein hacken. Knoblauch und Kräuter mit den 4 EL Kochwasser ebenfalls zur roten Bete geben. Essig, Öl, Salz, je 1 gute Prise Pfeffer und Cayennepfeffer zu einer Marinade verrühren.

5 Von der Marinade zwei Drittel unter den Rote-Bete-Salat mischen, den Rest unter die Kartoffeln. Beide Salate etwa 30 Min. kühl stellen, noch mal mit Salz und Essig abschmecken. Rote-Bete-Salat auf einer Platte anrichten, drumherum den Kartoffelsalat. Die Salate mit Oliven garnieren und servieren.

Koriander

Koriander gehört, wie Kümmel und Dill, zu den Doldenblütlern. Die Pflanze wird 30–60 cm hoch. Bei ausgewachsenen Pflanzen sitzen am unteren Stengelteil fächerförmige, am oberen Teil gefiederte Blätter. Die weißen oder blaßrötlichen Blüten bringen runde Samenkörner hervor. Koriander zählt zu den wichtigsten Gewürzen der arabischen Küche und zu den ältesten der Menschheit. Die Herkunft wird im östlichen Mittelmeerraum vermutet. In der arabischen Küche werden sowohl die getrockneten Samenkörner verwendet als auch die zarten Blättchen junger Pflanzen. Die gemahlenen Körner sind Bestandteil kräftiger Gewürzmischungen wie Baharat (S. 114), Harissa (S. 49)

Koriander sieht Petersilie ähnlich, hat aber einen ganz anderen Geschmack.

und Ras el-Hanout (s. Glossar), die vor allem für Saucen, für gegrilltes und geschmortes Fleisch und für Fisch verwendet werden. In Marokko geben die frischen Korianderblätter mit ihrem strengen, aromatischen Duft vielen Gerichten ihr unverwechselbares Aroma, vor allem Marinaden und Füllungen

für Fleisch, Geflügel und Fisch sowie den Suppen. In Ägypten gehören sie in Tamiya, Bohnenbällchen. Frischen Koriander gibt es in Deutschland meist mit Wurzeln. Im Glas mit Wasser oder locker in Folie gehüllt, bleibt er einige Tage im Kühlschrank frisch.

Mango-Pickles

Oman · Geht schnell Salsat Manja

Zutaten für 4 Portionen:
3 große, gut reife Mangos
Salz
1 scharfe grüne Peperoni
(s. Glossar)
75 ml Weißweinessig
1 TL Korianderkörner
1 Knoblauchzehe
½ TL Kurkuma (Gelbwurzpulver)

Zubereitungszeit: 25 Min.
(+ 30 Min. Ruhen + 3 Std. Abkühlen)

Pro Portion: 610 kJ/150 kcal

1 Mangos schälen, das Fruchtfleisch in großen Stücken rund um den Kern abschneiden und in eine Schüssel geben. Die Fruchtstücke mit Salz bestreuen und etwa 30 Min. bei Zimmertemperatur stehenlassen.

2 Die Peperoni waschen, der Länge nach halbieren, Kerne und nach Belieben Stilansatz entfernen. Die Peperonihälften unter die Mangostücke heben und diese in einem Topf bei starker Hitze unter Rühren etwa 5 Min. offen kochen. Essig untermischen. Den Koriander im Mörser zerstoßen. Die Knoblauchzehe häuten und in der Presse zerdrücken. Koriander, Knoblauch und Kurkuma unter die Mangos rühren und noch einmal kräftig aufkochen.

3 Mango-Pickles zum Abkühlen in eine Schüssel geben, dann zugedeckt in den Kühlschrank stellen. Gut gekühlt servieren.

Info: Pikante Pickles und Chutneys sind im Oman sehr beliebt. Man ißt sie zu Bohnenbällchen oder Falafel, wie man sie ganz ähnlich in Ägypten und Syrien zubereitet (S. 83), aber auch zu gebratenen Hackfleischbällchen und zu Fisch.

Tip! In gut gereinigten, heiß ausgespülten Gläsern mit Twist-off-Deckeln halten sich die Mango-Pickles im Kühlschrank mindestens 1 Woche.

Joghurtkugeln in Olivenöl

Libanon · Gut vorzubereiten Labneh

Zutaten für 4 Portionen:
1 kg stichfester Vollmilch-Joghurt
(z.B. Bulgara-Joghurt)
1 TL Salz
½ l Olivenöl, kaltgepreßt
2 getrocknete Chilischoten
2 Lorbeerblätter
je 1 TL schwarzer Kümmel
(s. Glossar) und
schwarze Pfefferkörner
etwas Öl für die Hände

Zubereitungszeit: 45 Min.
(+ 3 Tage Abtropfen
+ 4 Tage Marinieren)

Pro Portion: 1600 kJ/380 kcal

1 Eine große Kaffeefiltertüte in ein großes Spitzsieb stecken. Das Sieb über eine Schüssel hängen. Joghurt in einer Schüssel mit Salz verrühren, in die Filtertüte füllen und zugedeckt an einen kühlen Platz stellen. Dort 2–3 Tage stehen und abtropfen lassen, bis die Flüssigkeit abgelaufen und der Joghurt sehr fest geworden ist.

2 Das Öl in ein großes Glas mit Schraub- oder Klemmdeckel füllen. Chilischoten, Lorbeerblätter, schwarzen Kümmel und Pfefferkörner unterrühren. Joghurt aus der Tüte in eine Schüssel geben. Die Hände leicht mit Öl einreiben. Aus jeweils ½ TL Joghurt kleine Kugeln formen und in das Öl geben. Das Glas verschließen und die Joghurtkugeln an einem kühlen Platz, jedoch nicht im Kühlschrank, 3–4 Tage durchziehen lassen. Die Kugeln vor dem Servieren abtropfen lassen.

Tips! Joghurtkugeln auf zarten Blättern von Römischem Salat anrichten, mit Tomaten und schwarzen Oliven garnieren, oder auf gemischtem Salat verteilen. Mit frischem Fladenbrot servieren. Die Kugeln müssen im Glas stets mit Öl bedeckt sein. So bleiben sie 1–2 Monate haltbar.
Wenn Ihr Spitzsieb zu klein für 1 kg Joghurt ist, legen Sie ein Haarsieb mit einem Mulltuch aus und lassen den Joghurt darin abtropfen.

Walnuß-Paprika-Paste

Syrien · Geht schnell   Muhammara

Zutaten für 4 Portionen:
2 große rote Paprikaschoten
2 Knoblauchzehen
4 Scheiben Zwieback
100 g Walnußkerne
4 EL Olivenöl, kaltgepreßt
2 TL Harissa (S. 49)
Salz

Zubereitungszeit: 20 Min.

Pro Portion: 1300 kJ/320 kcal

1 Paprikaschoten halbieren, Kerne, Trennwände und Stielansätze herauslösen. Die Schotenhälften unter fließendem Wasser säubern, trockentupfen. Etwa $1/4$ Schotenhälfte in feine Streifen schneiden und aufbewahren, restliche Paprika in grobe Stücke schneiden. Knoblauch häuten und ebenfalls in Stücke schneiden.

2 Paprika und Knoblauch in einen Rührbecher geben. Zwieback in Stücke brechen, 8 Walnußkerne beiseite legen. Die übrigen Walnußkerne mit Zwieback, Öl, Harissa und Salz in den Rührbecher geben. Alles mit dem Blitzhacker sehr fein zerkleinern.

3 Die Walnuß-Paprika-Paste in ein Schüsselchen geben und glattstreichen. Mit den beiseite gestellten Walnußkernen und den Paprikastreifchen garnieren.

Tips! Unbedingt frisch aufgebackenes Fladenbrot zu der Walnuß-Paprika-Paste servieren. Damit wird die Paste anstelle eines Löffels aufgenommen und gegessen.
Ganz besonders gut schmeckt das Muhammara, wenn es mit dickfleischigen Tomatenpaprika- oder roten türkischen Spitzpaprikaschoten zubereitet wird.

Bulgur-Kräuter-Salat

Jordanien · Erfrischend **Taboule**

Zutaten für 4 Portionen:
150 g feines Bulgur (Weizenschrot)
¹/₂ Bund Frühlingszwiebeln
3 reife, aromatische Tomaten
(300 g)
4 kleine, knackige Gurken (je 150 g)
1 Bund glatte Petersilie
1 Bund frische oder
1 EL getrocknete Minze
1 kleiner Romanasalat
6 EL Zitronensaft
4 EL Olivenöl, kaltgepreßt
Salz
schwarzer Pfeffer, frisch gemahlen

Zubereitungszeit: 30 Min.
(+ 4 Std. Quellen + 30 Min. Kühlen)

Pro Portion: 1100 kJ/260 kcal

1 Bulgur waschen, bis das Wasser klar ist. Bulgur dann in einer Schüssel mit Wasser bedeckt etwa 4 Std. quellen lassen. Gemüse und Kräuter waschen, trockentupfen.

2 Frühlingszwiebeln putzen, einmal längs halbieren, quer in kleine Würfel schneiden. Tomaten vierteln, Stielansätze herausschneiden. Die Tomaten fein würfeln. Gurken schälen und ebenfalls fein würfeln.

3 Vom Romanasalat die dunklen Blätter abtrennen und anderweitig verwenden. Die zartgelben Blätter vom Strunk lösen, abbrausen, trockentupfen und auf einer großen Salatplatte oder mehreren Tellern anrichten. Von den Kräutern Blättchen von den Stielen zupfen. Blättchen und zarte Stiele fein hacken.

4 Bulgur in einem feinen Sieb gut abtropfen lassen und in eine Schüssel geben. Gemüse und Kräuter dazugeben, Zitronensaft und Olivenöl hinzufügen und alles gut vermischen. Mit Salz und Pfeffer kräftig würzen und den Salat für etwa 30 Min. kalt stellen. Taboule zum Servieren auf den Salatblättern anrichten, Fladenbrot dazu reichen.

Variante: In manchen arabischen Ländern wird hauptsächlich Petersilie und kaum Salatgemüse verwendet. Statt Gurken und Tomaten gibt man 3 große Bund Petersilie zum Salat.

Möhrenpüree

Ommik Houria

Tunesien · Gut vorzubereiten

Zutaten für 4 Portionen:
500 g Möhren
¹/₂ TL Harissa (S. 49)
2 EL Weinessig
1 EL kleine Kapern
2 Knoblauchzehen
1 TL Kümmel, gemahlen · Salz
4 EL Olivenöl, kaltgepreßt
1 Ei · 100 g Schafkäse
100 g schwarze Oliven

Zubereitungszeit: 15 Min.
(+ je 30 Min. Garen und Kühlen)

Pro Portion: 1200 kJ/290 kcal

1 Die Möhren schälen, in grobe Stücke schneiden, in einen Topf geben, mit Wasser bedecken und 25–30 Min. bei mittlerer Hitze zugedeckt kochen, bis sie weich sind. Möhren abgießen, abtropfen lassen und in eine Schüssel geben. Mit dem Pürierstab oder dem Kartoffelstampfer zu Püree zerkleinern.

2 Harissa mit dem Essig verrühren, mit den Kapern zum Möhrenpüree geben. Knoblauch häuten, durch die Knoblauchpresse drücken und hinzufügen. Kümmel und Salz darüber streuen. 2 EL Öl dazugeben und alles gründlich verrühren. Das Püree auf einer kleinen Platte verstreichen oder in eine Schüssel füllen und etwa 30 Min. kühl stellen. In der Zwischenzeit das Ei in etwa 10 Min. hart kochen, kalt abschrecken, abkühlen lassen, pellen und vierteln. Den Schafkäse zerbröckeln. Das Möhrenpüree vor dem Servieren mit Käse, Ei und Oliven garnieren.

Tip! Zu dieser Vorspeise gehört frisches Brot wie Baguette und als Getränk ein gekühlter tunesischer halbtrockener Rosé-Wein wie Sidi Rais.

Gemüsepüree

Salata Mischwiya

Tunesien · Gelingt leicht

Zutaten für 4 Portionen:
300 g fleischige, rote oder
grüne Paprikaschoten
1 scharfe grüne Peperoni
(s. Glossar)
1 große rote Zwiebel
200 g gut reife Tomaten
2 Knoblauchzehen
1 TL Kümmelkörner · Salz
3 EL Olivenöl, kaltgepreßt
2 EL Zitronensaft
2 hartgekochte Eier
100 g Thunfisch aus der Dose
(im eigenen Saft)
je 50 g grüne und schwarze Oliven,
entsteint

Zubereitungszeit: 15 Min.
(+ 30 Min. Garen)

Pro Portion: 990 kJ/240 kcal

1 Den Backofen auf 250° vorheizen. Ein Backblech mit Alufolie auslegen. Die Paprikaschoten, die Peperoni und die Zwiebel waschen und abtropfen lassen. Paprika, Peperoni und die ungeschälte Zwiebel auf das Blech legen. Im Backofen (Mitte; Umluft 220°) etwa 15 Min. backen. Dann die Tomaten waschen und zu dem übrigen Gemüse legen. Die Paprikaschoten und die Peperoni umdrehen und das Gemüse weitere 15 Min. backen.

2 Das Gemüse aus dem Ofen nehmen, mit einem feuchten Küchentuch bedecken und etwas abkühlen lassen. Paprikaschoten und Peperoni häuten, Stiele und Kerne entfernen. Tomaten häuten, Stielansätze entfernen. Von der Zwiebel die harten Häute abnehmen.

3 Das Gemüse auf einem Brett fein zerhacken oder im Blitzhacker in kurzen Intervallen nicht zu fein pürieren, mit dem Saft in eine Schüssel geben. Knoblauch häuten, durch die Knoblauchpresse dazudrücken. Kümmel mit Salz im Mörser fein zerstoßen, mit dem Knoblauch unter das Püree mischen und abschmecken.

4 Das Püree auf einen großen Teller oder auf Portionsteller verteilen, mit Öl und Zitronensaft beträufeln. Die Eier pellen, vierteln. Den Thunfisch in Stückchen teilen. Püree mit Eiern, Thunfisch und Oliven garnieren.

Info: Mischwiya wird auch gerne auf Baguette-Brotscheiben gestrichen und mit Oliven, Kapern, Thunfisch, (Schaf-)Käse und Eiern garniert gegessen.

Kichererbsen-Sesam-Paste

Syrien · Braucht etwas Zeit

Hummus bi Tahina

Zutaten für 6 Portionen:
350 g getrocknete Kichererbsen
3 Knoblauchzehen · Salz
Saft von 2 Zitronen
¼ TL Kreuzkümmel, gemahlen
150 g Tahin (Sesammus, a. d. Glas)
100 g säuerlicher Vollmilch-Joghurt
(z.B. Bulgara-Joghurt)
2 EL Olivenöl
2 TL Paprikapulver, edelsüß oder
rosenscharf
3 Zweige glatte Petersilie
1–2 EL Pinienkerne

Zubereitungszeit: 45 Min.
(+ 12 Std. Einweichen + 3 Std. Garen
+ 1 Std. Kühlen)

Pro Portion: 1400 kJ/330 kcal

1 Die Kichererbsen über Nacht mit reichlich kaltem Wasser bedeckt einweichen. Abgießen, in einen Topf geben und mit frischem Wasser bedecken. Bei schwacher Hitze etwa 3 Std. (bzw. 1 Std. im Dampfkochtopf) zugedeckt kochen, bis sie schön weich sind. Den sich anfangs bildenden Schaum mit einem Schaumlöffel entfernen.

2 Die Kichererbsen etwa 30 Min. im Kochwasser abkühlen lassen. Dann etwa 2 EL Kichererbsen zwischen den Händen reiben, so daß sich die Schalen ablösen, diese entfernen. Auf diese Art alle Kichererbsen schälen.

3 Die geschälten Kichererbsen mit dem Passierstab des elektrischen Handrührers durch ein feines Sieb passieren. Knoblauchzehen häuten und mit Salz im Mörser fein zerreiben, zu den Kichererbsen geben. Zitronensaft, Kreuzkümmel, Tahin und Joghurt dazugeben, alles gut vermischen. Mit Salz abschmecken und in ein Schüsselchen geben, etwa 30 Min. kalt stellen.

4 Olivenöl mit Paprikapulver vermischen. Die Petersilie abbrausen, Blättchen abzupfen. Pinienkerne bei schwacher Hitze in einer trockenen Pfanne anrösten.

5 Zum Servieren in die Paste mit einem Mokkalöffel von der Mitte aus sternförmige Rinnen drücken. Olivenöl hineinträufeln, mit Petersilie und Pinienkernen garnieren.

Gurken-Joghurt-Kaltschale

Kuwait · Geht schnell

Salatit Laban bi Khiyar

Zutaten für 4 Portionen:
1 mittelgroße Zwiebel
1 große Salatgurke
je ½ mittelscharfe rote und grüne
Peperoni (s. Glossar)
1 EL Ghee (s. Glossar) oder
Butterschmalz
2 TL Ingwerpulver
Salz
200 g säuerlicher Vollmilch-Joghurt
(z.B. Bulgara-Joghurt), ohne Molke

Zubereitungszeit: 15 Min.
(+ 1 Std. Kühlen)

Pro Portion: 390 kJ/93 kcal

1 Die Zwiebel schälen und fein hacken. Die Gurke schälen, längs halbieren, mit einem kleinen Löffel die Kerne herausschaben und die Gurke im Blitzhacker fein zerkleinern. Peperonihälften waschen, Kerne und weiße Rippen herauslösen. Die Hälfte der Peperoni fein hacken, die andere Hälfte in feine Ringe schneiden und beiseite stellen.

2 Ghee oder Schmalz in einer Pfanne erhitzen. Zwiebel darin bei mittlerer Hitze glasig braten. Ingwer darüber streuen, untermischen, kurz mitbraten und die Pfanne vom Herd nehmen.

3 Erst den Joghurt unter die Zwiebel rühren, dann die Gurke und die Peperonistückchen. Alles mit Salz abschmecken, in eine Schüssel füllen und im Kühlschrank etwa 1 Std. kalt stellen. Vor dem Servieren erneut abschmecken und mit den Peperoniringen garnieren.

Tip! Diese Vorspeise ist an heißen Sommertagen eine herrlich leichte Erfrischung. Mit frisch aufgebackenem Fladenbrot servieren und die Schüssel am besten in ein Bett aus Eiswürfeln setzen.

Auberginenpüree

Baba Ghannouj

Libanon · Gelingt leicht

Rezept verdoppeln!

Zutaten für 4 Portionen:
2 mittelgroße Auberginen
(etwa 600 g)
7 EL Zitronensaft
5 EL Tahin (Sesampaste,
aus dem Glas)
3 Knoblauchzehen
Salz
1 Bund glatte Petersilie
Kerne von ¹/₂ Granatapfel

Zubereitungszeit: 30 Min.
(+ 35 Min. Garen)
Pro Portion: 460 kJ/110 kcal

1 Den Backofen auf 250° vorheizen. Ein Stück Alufolie auf ein Blech legen. Die Auberginen mit kaltem Wasser abbrausen und auf die Alufolie legen. Auberginen im Backofen (Mitte; Umluft 220°) 30–35 Min. garen, dabei gelegentlich wenden.

2 Die gebackenen Auberginen unter kaltem Wasser kurz abschrecken und sofort häuten. Die Stiele abschneiden. Auberginen sofort auf ein großes Brett legen, mit 3 EL Zitronensaft beträufeln. Mit einem großen Messer sehr fein hacken und mit einer Gabel zerdrücken.

3 Das Auberginenpüree in eine Schüssel geben. Die Sesampaste im Glas gut durchrühren. 3 EL Zitronensaft und Sesampaste zum Püree geben. Knob-lauch häuten, durch die Knoblauch-presse drücken und dazugeben. Mit Salz abschmecken. Die Petersilie abbrausen, die Blättchen fein hacken und hinzufügen. Alles mit der Gabel gründlich vermischen, nochmals mit Salz und Zitronensaft abschmecken und auf eine kleine, flache Platte streichen. Das Püree mit den Granatapfelkernen bestreuen und mit Fladenbrotstücken servieren.

Info: Wenn Sie das Ganze farblich etwas attraktiver machen möchten, können Sie das Püree mit Petersilie garnieren und Kerne von 1 Granatapfel darüber streuen (siehe Foto) – das verändert allerdings den Geschmack und ist eigentlich nicht typisch.

Granatapfel

In den arabischen Ländern zählt der Granatapfel zu den beliebtesten Früchten. Hinter seiner festen, ledrigen Schale verbirgt sich ein saftiges Innenleben. Es besteht aus unzähligen Kernen, die, umgeben von leuchtendrotem Fruchtfleisch, in Kammern aus gelblichen Häutchen sitzen. Die Schale sorgt dafür, daß der Granatapfel im tropischen und subtropischen Klima monatelang saftig bleibt. Um den erfrischenden Saft zu gewinnen, preßt man die halbierte Frucht wie eine Zitrone aus. Der Saft gibt auch Gerichten eine süß-säuerliche Note. Die ausgepulten Kerne dienen häufig als Garnierung. Eingedickter Granatapfelsirup gehört zum Angebot arabischer Lebensmittelgeschäfte, vor

Granatäpfel wachsen an strauchartigen, bis zu 5 m hohen Bäumen.

allem im Mittleren Osten. Man verdünnt ihn mit Wasser für ein erfrischendes Getränk. Eine besondere Spezialität ist Granatapfelessig, der aus dem Saft grüner, unreifer Früchte hergestellt wird. Er wird vor allem für Salatmarinaden verwendet. Grabfunde aus Ägypten und Jericho beweisen, daß der

Granatapfelbaum schon 2500 v. Chr. im südöstlichen Mittelmeerraum kultiviert wurde. Die Phönizier sorgten durch ihre Handelsbeziehungen für seine Verbreitung bis nach Sizilien und Spanien. Wegen der vielen Kerne gilt der Granatapfel als Symbol für Fruchtbarkeit, Liebe und Ehe.

Brotsalat

Syrien · Gelingt leicht **Fattousch**

Zutaten für 4 Portionen:
3 reife, aromatische Tomaten (300 g)
3 kleine, knackige Gurken (je 150 g)
1 mittelgroße rote Zwiebel
2 Knoblauchzehen
3 milde grüne Spitzpaprikaschoten
1 Kopfsalatherz
½ Bund frische Minze
6 EL Zitronensaft
6 EL Olivenöl, kaltgepreßt
1 EL Sumak (s. Glossar) · Salz · Pfeffer
2 kleine trockene Fladenbrote
(je 100 g)
100 g kleine schwarze Oliven

Zubereitungszeit: 45 Min.

Pro Portion: 1800 kJ/430 kcal

1 Tomaten waschen, achteln, Stielansätze herausschneiden. Tomaten in etwa 2 cm große Stückchen schneiden und in eine Schüssel geben. Gurken schälen, in ebenso große Stückchen schneiden, in die Schüssel geben. Zwiebel schälen, Knoblauch häuten. Zwiebel in feine Ringe schneiden, Knoblauch hacken, beides zum Gemüse geben.

2 Paprika waschen, längs halbieren, Stielansätze, Kerne und Trennwände entfernen, die Schoten in etwa 2 cm große Stückchen schneiden. Salatherz waschen, abtropfen lassen und den Salat in Streifen schneiden. Minze abbrausen, die Blättchen in dünne Streifen schneiden. Alles in die Schüssel geben und vermengen. Aus Zitronensaft, 4 EL Olivenöl, Sumak, Salz und Pfeffer eine Marinade rühren, unter den Salat mischen. Salat kalt stellen.

3 Restliches Öl in einer Pfanne erhitzen. Fladenbrot in etwa 2 cm große Stückchen brechen, unter Wenden in der Pfanne kurz anrösten, etwa 10 Min. abkühlen lassen.

4 Zum Servieren das Fladenbrot und die Hälfte der Oliven unter den Salat mengen. Den Salat mit den restlichen Oliven garnieren und noch etwa 10 Min. kalt stellen, so daß das Brot etwas in der Marinade ziehen kann.

Eingelegte Zitronen

Marokko · Braucht etwas Zeit **Msir**

Zutaten für 4 Zitronen:
5 unbehandelte dünnwandige,
saftige Zitronen
4 TL + 1 EL Salz

Zubereitungszeit: 1 Std.
(+ 5 Tage Wässern
+ 4 Wochen Marinieren)

Pro Stück: 170 kJ/40 kcal

1 Von den Zitronen 4 Stück unter fließendem Wasser gründlich abbürsten, in eine Schüssel legen, mit kaltem Wasser bedecken und 4–5 Tage wässern. Täglich das Wasser wechseln.

2 Die Zitronen abtropfen lassen. Mit der Spitze eines scharfen Messers etwa 1 cm vom Blüten- bis 1 cm vor dem Stielansatz die Schale jeder Zitrone der Länge nach so einritzen, als wolle man sie in Viertel schneiden. Die Früchte in diesen Markierungen durchschneiden, so daß sie zwar geviertelt sind, jedoch oben und unten zusammenhalten.

3 Jede Zitrone, am Stiel- und am Blütenansatz haltend, leicht zusammendrücken. In die entstandenen Spalten 1 TL Salz streuen. Die Zitronen dicht beieinander in ein Einmachglas legen. Die letzte Zitrone auspressen, den Saft durch ein Sieb über die gesalzenen Zitronen gießen. 1 EL Salz überstreuen. Wasser zum Kochen bringen und über die Zitronen gießen, so daß sie bedeckt sind. Das Glas sofort schließen, kühl stellen. Die Zitronen 3–4 Wochen marinieren.

Info: Nur die Schalen dieser Zitronen und der Saft werden zum Kochen verwendet. Dazu Fruchtfleisch und Fasern mit einem Messerchen auskratzen. Durch die Zitronenschalen erhalten viele Gerichte aus Marokko ihr besonderes Aroma.

SUPPEN

Eine Suppe mit Kichererbsen und schmalen Nudelstreifen soll das Lieblingsgericht des Propheten Mohammed gewesen sein. Von ihrer Beliebtheit als preiswerte und sättigende Mahlzeit haben die Suppen bis heute nichts eingebüßt. Sie besitzen in der arabischen Eßkultur einen hohen Stellenwert. Arm oder reich – jeder schlürft sie mit Behagen. Die vielen kleinen Garküchen in den Souks, den Marktvierteln, mit ihren großen, dampfenden Suppentöpfen sind, vor allem in Nordafrika, aber auch im Nahen Osten dafür der beste Beweis. Im Fastenmonat Ramadan nimmt man nach Sonnenuntergang, zum Fastenbrechen, als erste warme Mahlzeit mit Vorliebe eine Schale dampfend heiße Ramadan-Suppe ein. In Marokko heißt sie Harira. Um den Genuß noch zu steigern, ißt man sie dort traditionell mit geschnitzten Löffeln aus Zitronenholz. In Ägypten stärkt man sich, vor allem im Ramadan, mit Fata, einer kräftigen Brotsuppe. Grundlage vieler Suppen bilden Lammfleisch, Hülsenfrüchte, Zwiebeln, Tomatenmark und Harissa (scharfe Paprikapaste), Nudeln oder Brot, aber auch frisches Gemüse wie Spinat. Selta, eine dicke, raffiniert zubereitete Suppe, gilt im Jemen als Nationalgericht und fehlt bei fast keiner Mahlzeit. In den meisten Ländern wird die Suppe mit den anderen Gerichten zusammen aufgetragen und zwischendurch getrunken, ausgelöffelt und der Rest genüßlich mit Brot aufgetunkt.

Fischsuppe

Syrien · Geht schnell **Schourabat el-Jabal**

Zutaten für 4 Portionen:
500 g Fischfilet (z.B. Rotbarschfilet)
2 mittelgroße Zwiebeln
1 Bund glatte Petersilie
Salz
3 EL Olivenöl
1 EL Mehl
Saft von 1 Zitrone
schwarzer Pfeffer, frisch gemahlen
2 frische Eigelb

Zubereitungszeit: 30 Min.

Pro Portion:
1000 kJ/240 kcal

1 Fischfilet kalt abspülen und in etwa 3 cm große Stücke schneiden. Zwiebeln schälen und sehr fein hacken. Petersilie abbrausen und die Blättchen in feine Streifen schneiden.

2 In einem großen Topf 1 l Wasser mit 1½ TL Salz zum Kochen bringen. Die Fischstücke hineingeben und etwa 3 Min. bei mittlerer Hitze darin ziehen lassen. Mit einem Schaumlöffel herausnehmen, beiseite stellen. Topf mit der Fischbrühe ebenfalls beiseite stellen.

3 Das Öl in einer Pfanne erhitzen, Zwiebeln darin bei mittlerer Hitze braten, bis sie weich, aber nicht braun sind. Dann das Mehl darüber streuen und mit dem Schneebesen gut untermengen. Mit 100 ml von der Fischbrühe ablöschen und unter Rühren aufkochen lassen. Alles in den Topf mit der Fischbrühe rühren und etwa 4 Min. bei mittlerer Hitze köcheln lassen.

4 Petersilie und Zitronensaft in die Suppe rühren, mit Pfeffer und wenig Salz abschmecken. Die Temperatur herunterschalten, die Fischstücke in die Suppe geben und noch etwa 5 Min. bei schwacher Hitze ziehen lassen.

5 Die Eigelbe mit 3 EL der Suppe verrühren, dann in die Fischsuppe einrühren. Die Suppe nochmals erhitzen, aber nicht mehr zum Kochen bringen, sonst flockt das Eigelb aus. Die Fischsuppe heiß mit frisch aufgebackenem Fladenbrot servieren.

Nudelsuppe mit Gemüse

Tunesien · Braucht etwas Zeit Hlalem

Zutaten für 4 Portionen:
50 g getrocknete Kichererbsen
1 mittelgroße Zwiebel
4 EL Olivenöl, kaltgepreßt
2 EL Tomatenmark
¹/₂ TL Harissa (S. 49)
¹/₂ Bund glatte Petersilie
2 Stengel Selleriegrün
schwarzer Pfeffer · Salz
1 TL Paprikapulver, edelsüß
3 kleine zarte Artischocken
100 g frische oder tiefgekühlte
Saubohnenkerne
200 g frische oder tiefgekühlte
Erbsen
150 g dünne, kleine getrocknete
(Eier-)Spätzle

Zubereitungszeit: 45 Min.
(+ 12 Std. Einweichen
+ 3 Std. Garen)
Pro Portion:
2000 kJ/480 kcal

1 Die Kichererbsen über Nacht einweichen. Abgießen und in einem Topf mit frischem Wasser bedeckt bei schwacher Hitze zugedeckt etwa 3 Std. (oder 1 Std. im Dampfkochtopf) garen. Den sich anfangs bildenden Schaum mit einem Schaumlöffel entfernen. Kichererbsen im Kochwasser erkalten, dann in einem Sieb abtropfen lassen.

2 Die Zwiebel schälen und klein würfeln. Das Öl in einem Suppentopf erhitzen und die Zwiebel darin glasig braten. Tomatenmark und Harissa in ¹/₄ l Wasser glattrühren, zur Zwiebel geben. Noch 1¹/₄ l Wasser dazugeben. Petersilie und Selleriegrün abbrausen, die Blättchen hacken und hinzufügen, alles aufkochen. Die Brühe mit reichlich Pfeffer, Salz und Paprika

abschmecken. Bei schwacher Hitze etwa 10 Min. zugedeckt weiterköcheln lassen.

3 Inzwischen die Artischocken waschen. Harte Blätter entfernen. Blattspitzen bis auf die fleischigen Ansätze großzügig abschneiden. Die Samenfäden aus dem Innern herauskratzen, die Stiele kürzen und dünn schälen. Die Artischockenherzen achteln.

4 Artischocken, Kichererbsen, Saubohnenkerne und Erbsen in die Brühe geben und alles etwa 10 Min. weiterköcheln lassen. Dann die Spätzle (sie ähneln den in Tunesien verwendeten Nudeln) in die Suppe rühren und etwa 15 Min. mitgaren. Die Suppe abschmecken und servieren.

Suppe mit Nudeln

Libyen · Gelingt leicht Schourabat Sch'emye

Zutaten für 4 Portionen:
100 g getrocknete Kichererbsen
500 g Lammfleisch aus der Schulter
3 große Möhren
2 EL Ghee (s. Glossar) oder Butterschmalz
2 EL Tomatenmark · Salz
schwarzer Pfeffer, frisch gemahlen
100 g reisförmige Nudeln (s. Info)
½ Bund glatte Petersilie
3 Zweige frische oder
1 gehäufter TL getrocknete Minze
4 EL Zitronensaft

Zubereitungszeit: 40 Min.
(+ 12 Std. Einweichen
+ 3 Std. Garen)

Pro Portion: 1600 kJ/380 kcal

1 Die Kichererbsen, mit reichlich kaltem Wasser bedeckt, über Nacht einweichen. Am nächsten Tag abgießen, in einen Topf geben, mit frischem Wasser bedeckt etwa 3 Std. bei schwacher Hitze (oder 1 Std. im Dampfkochtopf) zugedeckt garen. Den sich anfangs bildenden Schaum mit einem Schaumlöffel entfernen. Kichererbsen im Sud abkühlen lassen.

2 Inzwischen das Fleisch abspülen, trockentupfen und in etwa 2 cm große Würfel schneiden. Die Möhren schälen und klein würfeln. Ghee oder Schmalz in einem Suppentopf stark erhitzen und das Fleisch darin rundum hellbraun anbraten. Tomatenmark in 1 l Wasser glattrühren und unter das Fleisch mischen. Möhren, Salz und ½ TL Pfeffer unterrühren und alles zugedeckt bei schwacher Hitze etwa 20 Min. garen. Gelegentlich umrühren.

3 Nudeln unterrühren und alles weitere 15 Min. köcheln lassen. Kichererbsen abgießen, abtropfen lassen, in die Suppe geben und miterhitzen. Frische Kräuter abbrausen, die Blättchen fein hacken und mit dem Zitronensaft in die Suppe rühren, mit Salz abschmecken und servieren. Dazu wird Fladenbrot gereicht.

Info: Die reisförmigen Nudeln werden als »Rosmarino« im italienischen und als »Kritharaki« im griechischen Lebensmittelgeschäft verkauft.

Lamm-Brot-Suppe

Ägypten · Braucht etwas Zeit Fatta

Zutaten für 6 Portionen:
700 g Lammfleisch mit Knochen,
z.B. Beinscheiben
1 Bund Suppengrün
1 weiße Zwiebel · Salz
Pfeffer · 2 Kardamomkapseln
1 Lorbeerblatt
250 g Langkornreis
3 kleine Fladenbrote (je 100 g)
Für die Knoblauchsauce:
2 Knoblauchzehen · 4 EL Butter
2 EL Rotweinessig · Salz
schwarzer Pfeffer, frisch gemahlen
½ TL Kreuzkümmel, gemahlen

Zubereitungszeit: 1½ Std.

Pro Portion: 2900 kJ/690 kcal

1 Das Lammfleisch kalt abspülen, Fleisch von den Knochen schneiden und Fett entfernen. Das Fleisch in etwa 3 cm große Stücke schneiden. Das Suppengrün abbrausen, putzen und in grobe Stücke teilen. Die Zwiebel schälen und vierteln.

2 Fleisch, Knochen, Suppengrün, Zwiebel und 1½ l kaltes Wasser in einen großen Topf geben, aufkochen, abschäumen. 1 TL Salz und Gewürze dazugeben und die Suppe zugedeckt bei mittlerer Hitze etwa 1 Std. kochen.

3 Etwa 30 Min. vor Ende der Garzeit Backofen auf 150° (Umluft 140°) vorheizen. Den Reis mit ½ l leicht gesalzenem Wasser in etwa 20 Min. zugedeckt garen. Die Fladenbrote im Backofen (Mitte) in 5–7 Min. goldgelb backen. Knochen, Gewürze und Gemüse aus der Suppe entfernen. Suppe, Reis und Brote warm halten.

4 Für die Sauce Knoblauch häuten und durch die Presse drücken. Butter in einem Pfännchen erhitzen, Knoblauch darin glasig braten. Essig, Salz und Gewürze einrühren, Sauce warm stellen. In jeden Suppenteller ein halbes Fladenbrot bröckeln, etwas von der Suppe darübergeben. Darauf Reis, dann Fleischstücke. Mit Suppe aufgießen und ein wenig Knoblauchsauce daraufgeben.

Ramadansuppe

Marokko · Gut vorzubereiten

Harira

Zutaten für 4 Portionen:
50 g getrocknete Kichererbsen
250 g Lammfleisch
(aus Schulter oder Keule)
2 Hühnerflügel · 1 Zwiebel
50 g getrocknete gelbe Linsen
½ TL Kurkuma (Gelbwurzpulver)
je ¼ TL Zimt-, Ingwer-, Safranpulver
¼ TL Pfeffer, frisch gemahlen
1 TL Paprikapulver, edelsüß · Salz
2 EL Ghee (s. Glossar) oder
Butterschmalz
50 g Reis · 1 TL Trockenhefe
½ Bund glatte Petersilie
4 Zweige Koriander
2 große Tomaten
1 Zitrone

Zubereitungszeit: 30 Min.
(+ 12 Std. Einweichen
+ 3 Std. Garen)

Pro Portion:
1700 kJ/400 kcal

1 Die Kichererbsen mit Wasser bedeckt über Nacht einweichen. Abgießen und in einem Topf mit frischem Wasser bedeckt bei schwacher Hitze zugedeckt etwa 3 Std. (oder 1 Std. im Dampfkochtopf) garen. Inzwischen Lammfleisch waschen, in etwa 3 cm große Stücke schneiden und in einen Suppentopf geben. Hühnerflügel waschen und hinzufügen. Zwiebel schälen, klein würfeln. Die Linsen kalt abspülen und kurz abtropfen lassen, alles zum Fleisch geben.

2 Die Gewürze, 1 TL Salz und 1 EL Ghee oder Schmalz hinzufügen, mit 1¼ l Wasser aufgießen, offen aufkochen, dann bei schwacher Hitze zugedeckt etwa 1½ Std. köcheln lassen. Den Reis in einem Sieb abspülen, abtropfen lassen und mit ½ l Wasser und 1 EL Ghee oder Schmalz bei schwacher Hitze etwa 20 Min. zugedeckt garen. Reis abgießen, die Flüssigkeit auffangen.

3 Kichererbsen abgießen, abtropfen lassen. Hühnerflügel aus der Suppe entfernen. Reis und Kichererbsen hineingeben. Die Hefe im Reiswasser glattrühren und unter die Suppe mischen. Die Kräuter abbrausen, Blättchen fein hacken und in die Suppe rühren.

4 Die Tomaten mit kochendheißem Wasser übergießen, häuten, Stielansätze herausschneiden. Das Fruchtfleisch würfeln und in die Suppe geben. Alles noch etwa 5 Min. schwach köcheln lassen und abschmecken. Die Zitrone vierteln, zur Suppe servieren. So kann jeder seine Portion nach Geschmack mit Zitronensaft verfeinern.

Info: Vor allem während des Fastenmonats Ramadan genießen viele diese wunderbar herzhafte Suppe am Abend als erste Mahlzeit des Tages.

Harissa

In der nordafrikanischen Küche macht sich Harissa (oder Harisa), eine feurige Paste zum Würzen, unentbehrlich. Eine kleine Menge Harissa ist ein Muß in zahlreichen traditionellen Suppen, Fleisch-, Geflügel- und Fischgerichten. Die Paste wird auch dem Sud für Couscous beigemischt, oder zum Würzen von luftgetrocknetem Fleisch und kleinen frischen Lamm-fleisch-Würstchen, Merguez, verwendet, die in Tunesien oder Algerien an den Imbißständen nahe jedem Marktviertel brutzeln. Zu gegrillten Kefta, Hackfleisch-Bällchen, wird eine Sauce aus gehäuteten, klein-gewürfelten Tomaten, vermischt mit Harissa, bereitgestellt. Für die Zubereitung schwört jede Familie

Harissa gibt es fertig in Tuben oder Dosen zu kaufen.

auf ihr eigenes, überliefertes Rezept. Doch bieten auch Gewürzhändler ferti-ges Harissa lose an, das man sich ab-wiegen läßt. Die Paste gibt es in Deutschland fertig in Tuben oder Dös-chen. Wer Harissa selbstmachen möchte, püriert 50 g frische rote schar-fe Chilischoten und 100 g im Ofen ge-backene rote Paprikaschoten mit-samt den Samenkörnern, vermischt diese mit 6 zerdrückten Knoblauch-zehen, 4 EL Meersalz, je 4 EL frisch gemahlenem Koriander und Kreuz-kümmel sowie 10 EL Olivenöl. Die Paste in einem Glas, mit Olivenöl bedeckt, kühl aufbewahren.

Selta

Jemen · Braucht etwas Zeit

Suppe mit Bockshornkleesamen

Zutaten für 4 Portionen:
2 EL Bockshornkleesamen-Pulver,
a. d. Reformhaus
4 EL kleinkörniger Reis
(z.B. Milchreis) · Salz
125 g Rinderhackfleisch
3 Stengel glatte Petersilie
Pfeffer · 1 Bund Schnittlauch
2 Knoblauchzehen
2–3 scharfe grüne Peperoni
(s. Glossar)
1 kleine grüne Paprikaschote
3 EL neutrales Pflanzenöl
1/2 TL Kreuzkümmel (Kumin),
gemahlen · 1 Ei

Zubereitungszeit: 1 Std.
(+ 2 Std. Einweichen)

Pro Portion: 780 kJ/190 kcal

1 Bockshornkleesamen-Pulver in eine Schüssel geben, mit 3/8 l kaltem Wasser begießen, etwa 2 Std. quellen lassen. Reis in einem Sieb kalt abspülen, mit 8 EL Wasser und 1 Prise Salz bei schwacher Hitze in etwa 20 Min. zugedeckt garen, beiseite stellen.

2 Hackfleisch in eine Schüssel geben. Petersilienblättchen hacken, mit je 1 Prise Salz und Pfeffer untermischen und kleine Bällchen formen. 1/4 l Wasser mit Salz aufkochen, die Bällchen darin etwa 5 Min. vorgaren, herausheben, Brühe und Bällchen beiseite stellen. Schnittlauch grob hacken. Knoblauch häuten und würfeln. Peperoni putzen, abbrausen, 2 Peperoni in Stükke schneiden und mit Schnittlauch und Knoblauch im Blitzhacker zerkleinern.

3 Vom Bockshornklee-Pulver das Wasser vorsichtig abgießen. Den Brei mit einem Holzlöffel kräftig schlagen, bis er schaumig wird. 1/8 l kaltes Wasser in die Mitte gießen, nach etwa 2 Min. vorsichtig abgießen. Paprikaschote halbieren, putzen und klein würfeln. Die dritte Peperoni in Streifchen schneiden.

4 In einem Topf das Öl mittelstark erhitzen. Paprika, Peperonistreifen und Fleischbällchen hineingeben, Bällchen mit Kreuzkümmel bestreuen und zerdrücken. Ei und Reis unterrühren. Brühe und das zerkleinerte Gemüse unterrühren, aufkochen lassen. Bockshornklee-Brei dazugeben, jedoch nicht unterrühren. Etwa 1 Min. bei starker Hitze aufkochen, dann sofort im Topf servieren.

Spinatsuppe

Libanon · Gelingt leicht

Schourabat Sabanekh

Zutaten für 4 Portionen:
400 g frischer Spinat
250 g Rinderhackfleisch
2 Zweige glatte Petersilie
Salz
schwarzer Pfeffer, frisch gemahlen
1 Msp. Zimtpulver
2 EL Ghee (s. Glossar) oder Butter-
schmalz
1 1/2 EL Mehl
800 ml Fleischbrühe (selbstgemacht
oder instant)
6 Kardamomkapseln

Zubereitungszeit: 45 Min.

Pro Portion: 980 kJ/230 kcal

1 Den Spinat putzen, waschen und abtropfen lassen. Dann fein hacken. Das Fleisch in eine Schüssel geben. Petersilie abbrausen, die Blättchen fein hacken, mit Salz, 1 guten Prise Pfeffer und Zimt hinzufügen und unter das Fleisch mischen. Daraus etwa kirschgroße Bällchen formen.

2 In einer Pfanne 1 EL Ghee oder Schmalz erhitzen, die Bällchen darin bei mittlerer Hitze rundum braun braten. Aus der Pfanne nehmen und beiseite stellen. 1/2 EL Ghee oder Schmalz zum Bratfett geben und stark erhitzen. Das Mehl unterrühren und anschwitzen, bis es sich leicht zu bräunen beginnt. Mit 400 ml Fleischbrühe löschen, glattrühren. Die Brühe aufkochen und in einen Topf geben. Restliche Brühe unterrühren und bei mittlerer Hitze offen zum Kochen bringen.

3 In einer Pfanne restliches Ghee stark erhitzen, den Spinat hinzufügen und unter Rühren etwa 5 Min. braten, dann zu der Brühe geben. Kardamomkörner aus den Kapseln nehmen, im Mörser fein zerkleinern, in die Suppe rühren. Suppe mit Salz und Pfeffer abschmecken. Die Bällchen hineingeben. Die Suppe noch etwa 5 Min. bei schwacher Hitze offen köcheln lassen, mit frischem Fladenbrot servieren.

EIER, NUDELN, REIS, BROT UND PASTETEN

Frische Eier sind im arabischen Raum sehr beliebt. Denn auch in kargen Regionen lassen sich die Lieferanten – hochbeinige, flinke Hühner – relativ leicht halten und versorgen sich am Straßenrand hauptsächlich selbst. So werden viele Alltagsgerichte mit Gemüse durch die Zugabe von Eiern kulinarisch aufgewertet. Ob in Kairo oder in Tunis, fast an jedem Straßenstand gibt man in die Fladenbrot-Taschen außer Bohnen oder Gemüse auch Scheiben oder Viertel von hartgekochten Eiern. Festliche Gerichte werden gerne mit Eihälften belegt, um sie noch reicher und üppiger zu machen. Auf der Arabischen Halbinsel sind hartgekochte, fritierte, gewürzte Eier eine Delikatesse.

Reis und Nudeln zählen in der arabischen Küche zu den Grundnahrungsmitteln. Es heißt, daß die Araber das Trocknen der Nudeln erfanden. So konnten die haltbaren Teigwaren auf die langen Karawanenreisen mitgenommen und im Nomadenleben verwendet werden. Während Nudeln hauptsächlich Alltagssuppen bereichern, wird Reis als eigenständiges Gericht, als Delikatesse serviert. Die meisten arabischen Länder importieren ihn aus Indien und Pakistan.

Fladenbrot ist das wichtigste und billigste Nahrungsmittel in allen arabischen Staaten. Weil sich ein Großteil der ärmeren Bevölkerung davon ernähren muß, wird Brot in vielen Ländern vom Staat stark subventioniert. Meist aus Weizenmehl gemacht, mit Anteilen von gemahlenem Mais und Hirse, gibt es Brot immer frisch zu jeder Mahlzeit. Auf dem Land bereiten in vielen Familien die Frauen den Teig, formen ihn und lassen das Brot vom Bäcker backen. Fladenbrot benötigt man zum Eintunken, zum Füllen, sogar als eine Art eßbarer Löffel bei jeder Mahlzeit. Brot dient daneben auch als Zutat für verschiedene Speisen, wie bei Schafut, Hirsefladen mit Joghurtsauce aus dem Jemen, oder wie bei Fatta, der ägyptischen Lamm-Brot-Suppe.

Pasteten wie Bastilla, gefüllt mit Huhn oder Taubenfleisch, werden in Marokko sehr aufwendig zubereitet und zu festlichen Anlässen serviert. Dagegen sind die verschieden gefüllten Teigtäschchen aus Tunesien und dem Libanon ganz schnell gemacht.

Kartoffelomelett

Tunesien · Gelingt leicht   **Maaquouda bi'l-Batata**

Zutaten für 4 Portionen:
600 g Kartoffeln,
vorwiegend festkochend
je 200 g Zwiebeln und
glatte Petersilie
3 EL Olivenöl
5 Eier
¹/₂ TL Pimentpulver
Salz
schwarzer Pfeffer, frisch gemahlen
1 EL Ghee (s. Glossar) oder
Butterschmalz

Zubereitungszeit: 45 Min.
(+ 45 Min. Garen)

Pro Portion: 1400 kJ/330 kcal

1 Die Kartoffeln waschen, mit Wasser bedeckt in etwa 25 Min. gar kochen. Inzwischen die Zwiebeln schälen und klein würfeln. Die Petersilie abbrausen und die Blättchen fein hacken.

2 Kartoffeln abgießen, kalt abschrekken, pellen und durch ein Sieb in eine Schüssel passieren. Öl in einer Pfanne bei mittlerer Hitze heiß werden lassen. Zwiebeln und Petersilie unter Rühren darin etwa 5 Min. dünsten, abkühlen lassen.

3 Backofen auf 180° vorheizen. Die Eier nacheinander aufschlagen, Eigelbe und Eiweiße getrennt in Schüsseln geben. Eigelbe verquirlen und mit den gedünsteten Zwiebeln und der Petersilie zu den Kartoffeln geben. Piment, Salz und 1 gute Prise Pfeffer darüber streuen und unterrühren.

4 Eiweiße steif schlagen und mit dem Schneebesen unter die Kartoffelmasse heben. Ghee oder Schmalz in einer Pfanne oder in einer flachen feuerfesten Form verstreichen. Die Kartoffelmasse einfüllen, glattstreichen und im Ofen (Mitte; Umluft 160°) etwa 45 Min. garen. Das Omelett vorsichtig auf eine Platte stürzen, in Viertel oder Achtel schneiden und heiß servieren.

Tip! Dazu schmeckt Salat aus Tomaten oder Gemüsepüree (S. 35) mit Oliven.

Variante: Omelett mit Thunfisch (Maaquouda bi Toun)
Kartoffelteig wie angegeben vorbereiten. 150 g abgetropften Thunfisch aus der Dose in Stückchen untermischen und das Omelett wie angegeben garen.

Fritierte Eier mit Gewürzen

Saudi Arabien · Geht schnell   **Aijet Baidat**

Für 4 Portionen:
4 Eier
3 EL Ghee (s. Glossar) oder
Butterschmalz
Salz
¹/₂ TL Paprikapulver, rosenscharf
¹/₄ TL schwarzer Pfeffer, frisch
gemahlen
¹/₂ TL Zimtpulver

Zubereitungszeit: 20 Min.

Pro Portion: 780 kJ/190 kcal

1 Die Eier in etwa 10 Min. in reichlich Wasser hart kochen. Anschließend mit kaltem Wasser abschrecken und pellen. Jedes Ei vorsichtig rundum fünfmal längs einschneiden, ohne das Eidotter mit einzuschneiden.

2 Ghee oder Schmalz in einer kleinen Stielkasserolle stark erhitzen und die Eier darin rundum goldbraun braten. Salz, Paprika, Pfeffer und Zimt vermischen und über die Eier streuen. Alles vorsichtig wenden, noch etwa 1 Min. braten, dann vom Herd nehmen und sofort servieren.

Tip! Die Eier entweder als kleine Zwischenmahlzeit servieren, dann reichlich frisch aufgebackenes Fladenbrot zum Auftunken des gewürzten Fetts und Tomaten- und Gurkenscheiben dazu reichen. Wenn Sie die Eier als Hauptmahlzeit reichen, geschmortes Gemüse wie Spinat oder Tomaten sowie Reis dazu servieren.

Eier in der Gemüsepfanne

Algerien · Geht schnell   Aija bi'l-Schakschuka

Zutaten für 4 Portionen:
250 g Zwiebeln
400 g fleischige, grüne und rote
Paprikaschoten
1 scharfe grüne Peperoni
(s. Glossar)
500 g gut reife Tomaten
6 EL Olivenöl, kaltgepreßt
1 EL Tomatenmark
¹/₂ TL Harissa (S. 49)
1 TL Paprikapulver, edelsüß
Salz · 4 Eier

Zubereitungszeit: 30 Min.

Pro Portion: 1100 kJ/260 kcal

1 Die Zwiebeln schälen, halbieren und grob würfeln. Die Paprikaschoten halbieren, Kerne, Trennwände und Stielansätze entfernen, die Schotenhälften abbrausen, in etwa 2 cm breite Streifen, dann in Quadrate schneiden. Die Peperoni längs halbieren, Stiel, Kerne und Rippen entfernen, ausspülen und in dünne Streifchen schneiden. Die Tomaten mit kochendheißem Wasser übergießen und häuten. Tomaten halbieren, Stielansätze und Kerne entfernen. Das Fruchtfleisch würfeln.

2 In einer tiefen Pfanne mit Deckel das Olivenöl stark erhitzen, die Zwiebeln darin glasig braten. Das übrige Gemüse unterrühren und etwa 5 Min. unter Rühren mitdünsten. Tomatenmark, Harissa und Paprikapulver in

150 ml warmem Wasser verrühren, unter das Gemüse rühren. Das Gemüse zugedeckt bei schwacher Hitze etwa 20 Min. garen.

3 Das Gemüse mit Salz abschmecken, an vier Stellen etwas auseinanderschieben. Eier aufschlagen, in die Vertiefungen setzen und zugedeckt bei schwacher Hitze etwa 7 Min. im Gemüse garen, bis das Eiweiß fest ist. Das Gericht sofort mit frischem Baguette servieren.

Info: Das beliebte Gericht gibt es in zahlreichen Varianten. So können im Gemüse Stückchen von Geflügelinnereien oder winzige Hackfleischbällchen, Scheiben frischer Würstchen oder Trockenfleischstücke mitgegart werden.

Reis mit Zwiebeln

Ägypten · Gelingt leicht   **Ruz Saladiya**

Zutaten für 4 Portionen:
1 mittelgroße Zwiebel
2 EL neutrales Pflanzenöl
200 g Rundkornreis (aus dem
türkischen Lebensmittelgeschäft)
oder Patnareis
Salz
schwarzer Pfeffer, frisch gemahlen

Zubereitungszeit: 45 Min.

Pro Portion: 910 kJ/220 kcal

1 Die Zwiebel schälen und in kleine Würfel schneiden. Öl in einer Pfanne erhitzen und die Zwiebel darin bei mittlerer Hitze unter Wenden goldbraun braten, dann beiseite stellen. Reis mehrmals waschen, bis das Wasser klar bleibt, Reis abtropfen lassen.

2 In einem Topf 700 ml Wasser zum Kochen bringen. Reis, Zwiebel, Salz und Pfeffer hineingeben, einmal aufkochen lassen, dann die Temperatur auf die niedrigste Stufe schalten. Den Reis zugedeckt bei schwächster Hitze etwa 20 Min. garen.

3 Dann ein passend groß gefaltetes Küchentuch zwischen Topf und Deckel klemmen, die Herdplatte ausschalten und den Reis noch etwa 10 Min. nachgaren lassen.

Tips! Dieser würzige Reis paßt zu allen pikanten Fleisch- und Fischragouts, besonders gut auch zu Tintenfischen in Tomatensauce (S. 93). Sie können den Reis vor dem Servieren noch mit einigen kroß braun gebratenen Zwiebelringen garnieren.

57

Reis-Linsen-Nudel-Gericht

Ägypten · Für Gäste **Kuschari**

Zutaten für 4 Portionen:
400 g Zwiebeln
4 EL neutrales Pflanzenöl
1 EL Ghee (s. Glossar) oder
Butterschmalz
175 g braune Linsen
Für die Tomatensauce:
1 mittelgroße Zwiebel
4 Knoblauchzehen
1 EL Ghee (s. Glossar) oder
Butterschmalz · 1 EL Mehl
280 g Tomatenmark
1 Lorbeerblatt
3 Gewürznelken · Salz
schwarzer Pfeffer, frisch gemahlen
1 TL Zucker
1 TL Harissa (S. 49)
2 TL Rotweinessig
Für Nudeln und Reis:
1 EL Ghee oder Butterschmalz
150 g Patnareis · Salz
250 g Röhrchennudeln (kurze
Makkaroni, s. Glossar)

Zubereitungszeit: 1¹/₂ Std.
Pro Portion: 3200 kJ/760 kcal

1 Zwiebeln schälen und in kleine Würfel schneiden. Das Öl in einer schweren Pfanne erhitzen, die Zwiebeln darin bei starker Hitze unter Wenden rösten, bis sie braun sind. In ein Schüsselchen geben und beiseite stellen.

2 1 EL Ghee oder Schmalz in einer Stielkasserolle erhitzen, die Linsen darin kurz bei starker Hitze anbraten, soviel Wasser angießen, bis die Linsen knapp bedeckt sind. Auf mittlere Hitze herunterschalten und die Linsen zugedeckt 20–25 Min. garen, bis sie weich sind. Backofen auf 75° (Umluft 50°) vorheizen, Linsen abgießen, bis zum Servieren warm stellen.

3 Für die Sauce Zwiebel schälen, Knoblauch häuten, beides in sehr kleine Würfel schneiden. 1 EL Ghee oder Schmalz in einer Pfanne erhitzen, Zwiebel darin glasig braten, Knoblauch dazugeben, kurz anbraten. Mehl überstreuen und untermischen. Tomatenmark in ¹/₂ l Wasser auflösen, in die

Pfanne geben, alles gut verrühren. Lorbeer, Nelken, Salz, Pfeffer, Zucker, Harissa und Essig in die Sauce geben und alles bei mittlerer Hitze unter gelegentlichem Rühren offen in etwa 20 Min. einkochen lassen. Anschließend Lorbeerblatt und Nelken entfernen.

4 Inzwischen für Nudeln und Reis 1 EL Ghee oder Schmalz in einem Topf stark erhitzen, den Reis darin glasig braten. ¹/₂ l Wasser und Salz dazugeben, Temperatur herunterschalten, den Reis bei schwacher Hitze zugedeckt etwa 20 Min. garen, bis er weich, aber noch körnig ist. In einem größeren Topf reichlich Salzwasser zum Kochen bringen, Nudeln darin nach Kochanleitung bißfest garen und abgießen. Nudeln, Linsen und Reis in einer Schüssel vermengen und kegelförmig auf einer vorgewärmten Platte anrichten. Die Sauce und geröstete Zwiebeln dazu servieren, so daß sie sich jeder nach Geschmack über seine Kuschari-Portion geben kann.

Reis mit Kokosnußmilch

Oman · Gelingt leicht **Ruz bi Halib Jouz al-Hind**

Zutaten für 4 Portionen:
300 g Langkornreis
1 EL Ghee (s. Glossar) oder Butterschmalz
3 Stückchen Zimtrinde (2–3 cm)
4 Kardamomkapseln
5 EL Kokosnußpulver (Coconut Powder, a. d. Asienladen) · Salz

Zubereitungszeit: 50 Min.
Pro Portion: 1500 kJ/360 kcal

1 Den Reis in einem Sieb mit lauwarmem Wasser abbrausen und gründlich abtropfen lassen. Ghee oder Schmalz in einem Topf stark erhitzen und Zimt und Kardamom kurz darin anrösten. Den Reis untermischen und unter Rühren glasig braten.

2 In einer Schüssel 600 ml lauwarmes Wasser mit Kokosnußpulver und Salz gut verquirlen, unter den Reis rühren

und aufkochen. Auf schwache Hitze schalten. Den Reis zugedeckt etwa 20 Min. garen. Ein Küchentuch zwischen Topf und Deckel klemmen. Den Reis auf der ausgeschalteten Herdplatte noch etwa 10 Min. stehen lassen, mit zwei Gabeln auflockern und servieren.

Tip! Reis als Beilage zu gebratenem Fisch oder zu Fleisch wie Lamm mit Baharat-Gewürz (S. 103) servieren.

Safran-Mandelreis

Irak · Gut vorzubereiten **Timman Za'faran**

Zutaten für 6 Portionen:
400 g Basmatireis
3 EL Ghee (s. Glossar) oder
Butterschmalz
75 g geschälte, halbierte Mandeln
(s. Info S. 126)
3 EL Rosenwasser (S. 133)
1/2 TL Safranfäden
1 mittelgroße Zwiebel
1/2 TL Baharat-Gewürz (S. 114)
250 g mageres Lamm- oder
Rinderhackfleisch
75 g Sultaninen
Salz · 700 ml Hühnerbrühe
(selbstgemacht oder instant)

Zubereitungszeit: 1 Std.

Pro Portion:
2100 kJ/500 kcal

1 Den Reis gründlich waschen und mit kaltem Wasser bedeckt etwa 30 Min. quellen lassen. Inzwischen 1 1/2 EL Ghee oder Schmalz in einer schweren Pfanne erhitzen und die Mandeln darin unter ständigem Wenden bei starker Hitze goldbraun rösten, dann in eine Schüssel geben. Rosenwasser in ein Schüsselchen geben, Safranfäden darin einweichen.

2 Die Zwiebel schälen und fein würfeln. Restliches Ghee oder Schmalz in der Pfanne erhitzen und die Zwiebel darin bei mittlerer Hitze glasig braten. Baharat-Gewürz unterrühren, kurz mitbraten. Hackfleisch dazugeben und bei starker Hitze unter Rühren so lange braten, bis das Fleisch bröckelig und die Flüssigkeit verdampft ist. Die Sultaninen und zwei Drittel des Rosenwassers mit dem Safran dazugeben und

noch 2–3 Min. mitbraten. Alles mit Salz abschmecken.

3 Die Hühnerbrühe in einem großen Topf erhitzen. Den Reis abgießen, abtropfen lassen und in die Brühe geben. Kurz aufkochen, dann bei schwacher Hitze zugedeckt etwa 15 Min. quellen lassen. Anschließend die Fleischmischung unter den Reis heben. Ein zusammengefaltetes Küchentuch zwischen Topf und Deckel klemmen und den Reis so auf der ausgeschalteten Herdplatte noch etwa 5 Min. garen. Dann vom Herd nehmen und weitere 5 Min. ziehen lassen.

4 Den Reis auf eine große vorgewärmte Platte häufen, die Mandeln auf dem Reis verteilen und alles mit dem restlichen Safran-Rosenwasser beträufeln.

Süßer gewürzter Reis

Bahrain · Gelingt leicht   **Ruz helu bi Baharat**

Zutaten für 4 Portionen:
3 Kardamomkapseln
1 Döschen Safranpulver (0,1 g)
3 EL Rosenwasser (S. 133)
200 g Basmatireis
Salz
3 EL Honig
2 EL Ghee (s. Glossar) oder
Butterschmalz

Zubereitungszeit: 45 Min.

Pro Portion: 1200 kJ/290 kcal

1 Die Kardamomkapseln mit dem Löffelrücken leicht eindrücken. Kardamom und Safran im Rosenwasser verrühren und ziehen lassen. Den Reis gründlich waschen, bis das Wasser klar ist. In einem Sieb abtropfen lassen.

2 In einem großen Topf 1½ l Wasser mit 1 TL Salz zum Kochen bringen. Reis hineingeben und bei mittlerer Hitze etwa 8 Min. kochen. Dann zum Abtropfen in ein feines Sieb geben.

3 Den Reis in einer Schüssel mit dem Honig gut vermischen. Ghee oder Schmalz in einer großen Pfanne (mit Deckel) erhitzen, Reis hineingeben und das Rosenwasser mit den Gewürzen darüber verteilen.

4 Temperatur auf schwächste Hitze herunterschalten. Zwischen Pfannenrand und Deckel ein doppelt gefaltetes Küchentuch klemmen und den Reis so in etwa 25 Min. garen. Den Reis zum Servieren auf eine vorgewärmte Platte stürzen, so daß das Ghee oder Schmalz sich gut verteilen kann.

Info: Dieser süße Reis schmeckt besonders gut zu gegrilltem Fleisch oder zu herzhaften Fleischragouts. Ursprünglich wurde er mit Dattelsaft gekocht und brachte, in großen Portionen verzehrt, den Perlentauchern von Bahrain die nötige Energie für ihre oft waghalsigen, bis zu 40 m tief hinabreichenden Tauchexkursionen.

Hirsefladen mit Joghurtsauce

Jemen · Braucht etwas Zeit   Schafut

Zutaten für 6 Portionen:
Für die Fladen:
150 g Hirsemehl
350 g Weizenmehl · Salz
1 Würfel frische Hefe (42 g)
4 EL neutrales Pflanzenöl zum Backen
Für die Joghurtsauce:
je 250 g Vollmilch-Joghurt (z.B. Bulgara-Joghurt) und Dickmilch
2 gut reife, mittelgroße Tomaten
3 scharfe oder milde Peperoni (s. Glossar)
3 Knoblauchzehen
1 Bund glatte Petersilie
1 Bund Schnittlauch
$^1/_2$ TL Kreuzkümmel (Kumin), gemahlen
$^1/_2$ TL schwarzer Pfeffer, frisch gemahlen
Salz

Zubereitungszeit: $1^1/_2$ Std.
(+ $1^1/_2$ Std. Gehen lassen
+ 1 Std. Kühlen)

Pro Portion: 1700 kJ/400 kcal

1 Hirse- und Weizenmehl mit Salz in eine Schüssel sieben. Hefe in $^1/_8$ l lauwarmem Wasser in einem großen Rührbecher verquirlen, noch $^3/_4$ l warmes Wasser unterquirlen, nach und nach unter das Mehl rühren. Den flüssigen Teig zugedeckt an einem warmen Platz etwa $1^1/_2$ Std. gehen lassen. Den Teig zwischendurch zweimal durchrühren und zusammenfallen lassen.

2 Inzwischen für die Sauce Joghurt mit Dickmilch und $^1/_4$ l kaltem Wasser verquirlen, kühl stellen. Die Tomaten mit kochendheißem Wasser übergießen, häuten, Stielansätze entfernen. Das Fruchtfleisch würfeln. Peperoni halbieren, Innenteile und Stiele entfernen, die Schoten abbrausen und grob würfeln. Den Knoblauch häuten und in Stücke schneiden. Die Kräuter abbrausen, grob hacken. Gemüse, Knoblauch und Kräuter im Blitzhacker zerkleinern. Kreuzkümmel, Pfeffer und Salz unterrühren, kühl stellen.

3 Eine beschichtete Pfanne mit Öl einpinseln, bei mittlerer Hitze heiß werden lassen. Den Teig portionsweise in ein großes Milchkännchen füllen. In der Pfannenmitte beginnend den Teig in einem dünnen Strahl spiralförmig auf den Pfannenboden gießen.

4 Teig durch leichtes Bewegen der Pfanne so verteilen, daß ein geschlossener Fladen von etwa 21 cm Durchmesser entsteht. Fladen einseitig in $1^1/_2$–2 Min. backen, auf ein frisches Küchentuch gleiten und ausdampfen lassen, dann auf einen Teller legen. Auf diese Weise nacheinander alle 26 Fladen backen und kurz ausdampfen lassen.

5 Die Fladen in zwei große runde Formen oder in zwei Schüsseln aufeinander schichten. Gemüse-Kräutermischung unter den Joghurt rühren, mit Salz abschmecken und langsam über die Fladen gießen, etwa 1 Std. kühl stellen. Die durchtränkten Fladen ißt man wie einen Brei mit dem Löffel als Hauptmahlzeit.

Info: Im Jemen wird der Brei einfach mit der Hand aus der Schüssel gegessen. Dabei wird wie überall im arabischen Raum nur die rechte Hand benutzt, die linke gilt als unrein.

Aufgeplusterte Fladenbrote

Aisch Baladi

Zutaten für 14 kleine Fladenbrote:
400 g Weizenvollkornmehl,
Type 1050
600 g Weizenmehl, Type 405
3 TL Salz
2 Würfel frische Hefe (je 42 g)
1 EL schwarzer Kümmel (s. Glossar)
Mehl für die Arbeitsfläche
150 g Weizenkleie oder Backpapier

Zubereitungszeit: 45 Min.
(+ 2 Std. Gehen lassen
+ 45 Min. Backen)

Pro Brot:
1000 kJ/240 kcal

1 Mehl in eine Schüssel sieben, mit Salz vermengen. Hefe zerbröckeln, über das Mehl streuen. 700 ml lauwarmes Wasser dazugeben. Alles mit den Knethaken des Handrührgeräts zu einem klebrigen Teig verarbeiten. Teig zugedeckt an einem warmen Ort etwa 40 Min. gehen lassen, bis er um gut das Doppelte aufgegangen ist. Schwarzen Kümmel im Blitzhacker oder Mörser fein zermahlen.

2 Den schwarzen Kümmel zum Teig geben und alles mit den Händen etwa 10 Min. kräftig kneten, bis sich der Teig vom Schüsselrand löst und schön elastisch ist. Zugedeckt weitere 30–40 Min. an einem warmen Platz gehen lassen, bis der Teig wieder gut um das Doppelte aufgegangen ist.

3 Den Teig nochmals kräftig 1–2 Min. kneten und in 14 Portionen teilen. Jedes Teigstück einzeln auf einer bemehlten Arbeitsfläche zu einer Kugel formen, dann zu einem Fladen von etwa 14 cm Durchmesser ausrollen. Den Backofen auf 250° (Umluft 220°) vorheizen.

4 Backblech mit reichlich Weizenkleie bestreuen oder mit Backpapier auslegen und die erste Portion Fladen darauf legen. Mit einem Tuch zudecken und nochmals etwa 15 Min. an einem warmen Ort gehen lassen. Dann die Fladen im Ofen (Mitte) in 10–15 Min. backen, bis ihre Oberfläche goldgelb ist und sich in ihnen die typischen Luftblasen gebildet haben. Mit den restlichen Broten genauso verfahren.

Tip! Das Brot eignet sich wegen der Luftblase im Inneren sehr gut zum Füllen, z.B. mit Falafel (S. 83).

Gebratene Thymianbrötchen

Oman · Gelingt leicht **Khubz az-Za'tar**

Zutaten für 20 Brötchen:
250 g Mehl
¹/₂ TL Salz
80 ml Milch
1 TL Zucker
¹/₂ Würfel frische Hefe (etwa 20 g)
1 Ei
2 Bund frischer oder
3 EL getrockneter Thymian
Mehl zum Arbeiten
¹/₂ TL neutrales Pflanzenöl
2 EL Ghee (s. Glossar) oder
Butterschmalz

Zubereitungszeit: 45 Min.
(+ 1 Std. 25 Min. Gehen lassen)

Pro Brötchen:
280 kJ/67 kcal

1 Das Mehl mit Salz in eine Schüssel sieben, eine Mulde bilden. Die Milch erwärmen. Zucker und Hefe mit dem Schneebesen in der Milch verrühren und in die Mehlmulde gießen. Mit etwas Mehl vom Rand verrühren und zugedeckt etwa 20 Min. gehen lassen.

2 Dann das Ei zum Mehl geben und alles zu einem Teig rühren, kräftig durchschlagen. Den Teig 30–45 Min. zugedeckt an einem warmen Ort gehen lassen. Frischen Thymian abbrausen, die Blättchen grob hacken.

3 Thymian auf den Teig streuen, mit bemehlten Händen unterkneten. Den Teig zu einer Rolle formen und in 20 gleich große Stücke teilen. Jedes Stück mit bemehlten Händen zu einer Kugel formen und leicht flachdrücken,

so daß kleine Brötchen von etwa 5 cm Durchmesser entstehen.

4 Ein Blech dünn einölen, die Brötchen darauf legen und an einem warmen Ort in etwa 20 Min. doppelt so hoch aufgehen lassen. In einer großen beschichteten Pfanne 1 EL Ghee oder Schmalz gut erhitzen. Die Hälfte der Brötchen mit dem Pfannenheber vorsichtig, damit sie nicht zusammenfallen, in die Pfanne legen. Bei mittlerer Hitze von jeder Seite etwa 3 Min. braten. Auf Küchenpapier abtropfen lassen, abkühlen lassen. Die übrigen Brötchen im restlichen Ghee oder Schmalz genauso braten. Ganz frisch servieren.

Tip! Die Brötchen schmecken zum Frühstück genauso wie nachmittags zum Tee.

Huhnpastete mit Mandeln

Marokko · Braucht etwas Zeit   **Bastilla**

Zutaten für 1 Auflaufform von 28–30 cm Ø, für 8 Portionen:
1 Brathuhn (etwa 1,2 kg), küchenfertig vorbereitet
1 große Zwiebel
4 Knoblauchzehen
½ TL Safranpulver
je 1 TL Ingwerpulver und schwarzer Pfeffer, frisch gemahlen
Salz
½ Bund glatte Petersilie
3 Zweige Koriander
4 EL Olivenöl
8 EL Ghee (s. Glossar) oder Butterschmalz
11 EL Puderzucker
4 Eier
4 EL Zitronensaft
200 g geschälte, gemahlene Mandeln (s. Info S. 126)
6 EL Orangenblütenwasser (S. 133)
1 Paket Fillo-Teigblätter (mit 10 Blättern, aus dem griechischen Lebensmittelladen)
2 ½ EL Zimtpulver
2 EL neutrales Pflanzenöl
1 Eigelb

Zubereitungszeit: 2 ½ Std (+ 12 Std. Marinieren)

Pro Portion: 3000 kJ/710 kcal

1 Das Huhn abbrausen, trockentupfen, in 6 Portionen schneiden. Zwiebel schälen, Knoblauch häuten. Beides klein würfeln, mit Safran, Ingwer, Pfeffer und Salz in eine Schüssel geben. Kräuter abbrausen, Blättchen hacken, mit dem Öl dazugeben, alles vermischen.

2 Huhn mit dieser Mischung einreiben und etwa 12 Std. im Kühlen marinieren. Dann die Hühnerteile mit 1 l Wasser, 1 EL Ghee und 1 EL Puderzucker in einem Topf zugedeckt bei schwacher Hitze etwa 50 Min. garen. Hühnerteile aus der Brühe nehmen, abkühlen lassen, enthäuten und entbeinen. Das Fleisch in kleine Stücke teilen. Die Hälfte der Brühe offen bis auf die Hälfte einkochen, dann leicht abkühlen lassen. (Übrige Brühe anderweitig verwenden).

3 Eier und Zitronensaft verquirlen und mit dem Schneebesen unter die eingekochte Brühe rühren. Erneut erhitzen und unter Rühren bis kurz vor dem Kochpunkt zum Stocken bringen. Eimasse unter Rühren leicht abkühlen lassen und beiseite stellen. Mandeln mit 4 EL Puderzucker und 3 EL Orangenblütenwasser vermischen. In einem Topf restliches Ghee oder Schmalz schmelzen lassen und 3 EL Orangenblütenwasser unterrühren. Backofen auf 200° (Umluft 180°) vorheizen.

4 Die Form leicht mit dem geschmolzenen Fett einpinseln. Filloteigblätter auseinanderfalten und glatt legen. Das oberste Blatt ebenfalls mit dem flüssigen Fett einpinseln. Zusammen mit den 2 nächsten Blättern vom Stapel in die Form legen, die Ränder überhängen lassen. Mit der Hälfte der Mandelmischung bestreuen.

5 2 Teigblätter darauf legen, Ränder überhängen lassen. Mit 2 EL Puderzucker bestreuen und das Hühnerfleisch und die Eimasse darauf verteilen und glattstreichen, mit 1 TL Zimtpulver bestreuen. 2 Teigblätter darauf legen, mit dem flüssigen Fett einpinseln. Die restliche Mandelmischung darauf streuen.

6 Überhängende Teigränder nach innen auf die Pastete klappen, mit dem Fett einpinseln, in der Mitte festdrücken. Die Pastete mit den restlichen 3 Teigblättern bedecken. Pastetenrand vorsichtig anheben. Überhängende Teigränder der letzten 3 Blätter unter die Pastete schieben. Öl mit 1 EL Wasser unter das Eigelb mischen, die Pastete damit einpinseln. Im Ofen (Mitte) in etwa 20 Min. goldbraun backen.

7 Die Pastete vorsichtig auf eine Platte stürzen und umgedreht zurück in die Form legen. Mit dem restlichen Fett einpinseln und nochmals in 15–20 Min. goldbraun backen. Die Pastete etwas abkühlen lassen, auf eine Platte stürzen, mit dem restlichen Puderzucker bestreuen, mit einem Gittermuster aus Zimt verzieren und servieren.

Info: Die Pastete bildet den kulinarischen Höhepunkt jeder marokkanischen Festlichkeit.

Brik

Teigtaschen mit Thunfisch

Zutaten für 4 Portionen:
¹/₂ l neutrales Pflanzenöl
zum Ausbacken
100 g Thunfisch aus der Dose (in Öl)
¹/₂ Bund glatte Petersilie
2 Yufka-Teigplatten (fertiggekauft
im türkischen Lebensmittelladen)
1 Eiweiß
4 kleine, sehr frische Eier · Salz
schwarzer Pfeffer, frisch gemahlen
1 Zitrone

Zubereitungszeit: 30 Min.

Pro Portion: 1800 kJ/430 kcal

1 Öl in einer tiefen, großen Pfanne erhitzen, dann beiseite stellen. Den Thunfisch abtropfen lassen und in vier Portionen teilen. Petersilie abbrausen, Blättchen grob hacken.

2 Die Teigplatten auseinanderfalten, leicht mit Wasser besprühen (am besten mit einer Wassersprühflasche). Die Teigplatten halbieren und jede Hälfte zu einem Kreis schneiden. Die Ränder mit Eiweiß einpinseln. Das Öl in der Pfanne erneut erhitzen, bis an einem hineingehaltenen Hölzchen Bläschen emporsteigen.

3 In die Mitte jedes Teigkreises je 1 Portion Thunfisch geben, je 1 Ei aufschlagen, neben den Fisch geben, alles mit Salz und Pfeffer würzen, Petersilie darauf streuen. Die Kreise rasch einmal

zu Halbmonden zusammenklappen. Die Ränder gut zusammendrücken.

4 Die Teigtaschen vorsichtig in das heiße Fett gleiten lassen und einzeln bei starker Hitze in 3–4 Min. goldgelb fritieren. Vorsicht, Spritzgefahr! Mit einem Schaumlöffel herausheben und auf Küchenpapier abtropfen lassen. Die Zitrone waschen, trockentupfen, vierteln und zu jeder Portion ein Stück Zitrone zum Beträufeln servieren.

Info: Die in Tunesien als Imbiß sehr geschätzten Briks können auch mit angebratenem, mit Petersilie, Salz, Pfeffer und Kreuzkümmel gewürztem Hackfleisch und Ei oder mit gekochten, zerkleinerten und gewürzten Hühnerfleischresten gefüllt werden.

Grießbrot

Marokko/Tunesien · Gelingt leicht   **Khubz Mibasas**

Zutaten für 2 Backformen von 26–28 cm Ø, für 2 Brote:
1 kg feiner Hartweizengrieß
Salz
1 Würfel frische Hefe (42 g)
1 EL Zucker · 1 Ei
6 EL neutrales Pflanzenöl
1 EL weiches Ghee (s. Glossar) oder Butterschmalz
2 EL Sesamsamen
1 EL Anissamen
Ghee oder Schmalz für die Formen

Zubereitungszeit: 30 Min.
(+ 3 Std. 10 Min. Gehen lassen
+ 40 Min. Backen)

Pro Brot: 8900 kJ/2100 kcal

1 Grieß und Salz in einer Schüssel vermischen. Eine Vertiefung eindrükken. Hefe in einem Schüsselchen mit Zucker und 100 ml lauwarmem Wasser glattrühren und in die Vertiefung gießen, mit etwas Grieß verrühren. Die Schüssel zugedeckt etwa 10 Min. an einen warmen Ort stellen.

2 Das Ei in 400 ml lauwarmem Wasser verquirlen, mit Öl und Ghee oder Schmalz unter den Grieß rühren, so daß ein relativ weicher Teig entsteht. Diesen mit der Hand etwa 10 Min. kräftig durcharbeiten und durchschlagen, so daß Luft unter den Teig kommt. Den Teig zugedeckt etwa 2 Std. an einem warmen Ort gehen lassen.

3 Die Sesamsamen in einer trockenen Pfanne bei mittlerer Hitze hellbraun anrösten, abkühlen lassen. Den Anissamen im Mörser grob zerstoßen. Nach den 2 Std. Sesam und Anis über den Teig streuen und mit der Hand gründlich unterarbeiten. Formen einfetten. Den Teig halbieren und als runde, flache Fladen in die Formen drücken, zugedeckt noch etwa 1 Std. gehen lassen. Backofen rechtzeitig auf 250° (Umluft 220°) vorheizen. Die Fladen im Ofen (Mitte) nacheinander zuerst etwa 10 Min. backen. Die Temperatur auf 200° (Umluft 180°) herunterschalten. Die Fladen in weiteren 10 Min. fertigbacken, aus der Form nehmen und auf einem Backgitter auskühlen lassen.

Info: In Nordafrika ißt man die Fladen gerne mit Honig zum Frühstück und trinkt dazu Tee mit frischer Minze (S. 134).

Teigtaschen mit Hackfleisch

Libanon · Für Gäste **Fatayer bi Lahim**

Zutaten für etwa 20 Täschchen:
Für den Teig:
350 g Mehl
1/2 TL Salz
1/2 Würfel Hefe (etwa 20 g)
1 TL Zucker
Mehl zum Arbeiten
Für die Füllung:
1 kleine Zwiebel
1 EL Ghee (s. Glossar) oder
Butterschmalz
250 g Lamm- oder Rinder-
hackfleisch
3 EL Pinienkerne
je 1 Msp. Zimt-, Piment- und
Paprikapulver, edelsüß
schwarzer Pfeffer, frisch gemahlen
Salz
neutrales Pflanzenöl für das Blech
1 Eigelb

Zubereitungszeit: 50 Min.
(+ 40 Min. Gehen lassen
+ 15 Min. Backen)

Pro Stück: 490 kJ/120 kcal

1 Das Mehl mit Salz in eine Schüssel sieben und eine Mulde eindrücken. Hefe mit Zucker in 200 ml warmem Wasser verrühren, nach und nach in die Mulde gießen und mit Mehl verrühren, zuletzt mit leicht bemehlten Händen zusammenkneten, so daß ein weicher Teig entsteht. Diesen zugedeckt an einem warmen Ort 20–30 Min. gehen lassen.

2 Inzwischen für die Füllung die Zwiebel schälen und sehr klein würfeln. Ghee oder Schmalz in einer Pfanne erhitzen, die Zwiebel darin bei mittlerer Hitze glasig braten. Das Fleisch hinzufügen, mit dem Kochlöffel zerdrücken und rundum anbraten. Wenn der Saft verdampft ist, die Pinienkerne und die Gewürze unterrühren und etwa 3 Min. mitrösten. Die Mischung mit Salz abschmecken und abkühlen lassen.

3 Den Backofen auf 225° (Umluft 220°) vorheizen. Ein großes Blech mit Öl einpinseln. Den Teig mit bemehlten Händen zusammenkneten, zu einer Rolle formen und halbieren. Jede Hälfte auf einer bemehlten Arbeitsfläche dünn ausrollen, Kreise von 8–10 cm Durchmesser ausstechen.

4 Das Eigelb mit 1 EL Wasser verquirlen. In die Mitte eines jeden Kreises 1 TL Fleischfüllung geben, mit 2–3 Tropfen Wasser beträufeln. Die Ränder leicht mit Eigelb einpinseln.

5 Den Rand jeden Kreises an 3 Punkten in gleichem Abstand zwischen Daumen und Zeigefinger fassen, nicht ganz bis zur Mitte hin über der Füllung zusammendrücken, so daß Dreiecke entstehen. In der Mitte soll eine kleine Öffnung bleiben. Die Dreiecke auf das Blech setzen, mit dem restlichen Eigelb einpinseln und noch etwa 10 Min. gehen lassen. Dann im Ofen (Mitte) etwa 15 Min. backen, leicht abkühlen lassen und als Vorspeise oder Snack servieren.

Variante: Teigtäschchen mit Spinat
(Fatayer bi Sabanikh)
Den gleichen Teig wie bei Fatayer bi Lahim zubereiten. Für die Füllung 400 g Spinat putzen, waschen, abtropfen lassen und grob hacken. 3 EL Olivenöl in einer Pfanne stark erhitzen, 1 kleingewürfelte Zwiebel darin glasig braten. Spinat hinzufügen und unter Wenden zusammenfallen und die Flüssigkeit gut verdampfen lassen, beiseite stellen. 4 EL gehackte Walnußkerne untermischen. Spinat mit Salz, Pfeffer, Muskat und 1 EL Zitronensaft abschmecken. Die Teigkreise damit füllen, Ränder leicht mit Eigelb einpinseln, bis zur Mitte wie die Hackfleischtaschen zu Dreiecken, jedoch ganz zusammenfalten und die Enden zusammendrücken. Im vorgeheizten Backofen, wie beschrieben, etwa 15 Min. backen.

GEMÜSE UND HÜLSENFRÜCHTE

Im heißen Klima, in der Trockenheit der arabischen Regionen überrascht immer wieder das große Angebot an Gemüse und Früchten auf den Märkten. Dieser Reichtum ist den alten Arabern zu verdanken. Gelegentliche Regenfälle und Grundwasservorkommen im fruchtbaren Süden der arabischen Halbinsel, dem heutigen Jemen und Oman, regten sie dazu an, bereits um 1000 v. Chr. riesige Staudämme zu bauen. Karge Küstenstriche und Oasen, steile, terrassierte Hänge verwandelten sie durch ein wohldurchdachtes Bewässerungssystem in fruchtbare Gärten.

Mit der Verbreitung des Islam im 7. Jahrhundert n. Chr. gelangte diese Bewässerungsmethode nach Nordafrika und – mit der Eroberung durch die Mauren – bis nach Spanien und Sizilien. Im alten Ägypten und Mesopotamien, an den Flüssen Nil, Euphrat und Tigris bedienten sich die Menschen der Wasserräder, die mit Hilfe riesiger Tonkrüge das lebensnotwendige Naß für die Felder schaufelten, so wie auch heute noch. In Oasen, vor allem in Oman, in Tunesien und Marokko, bewährt sich seit Jahrtausenden ein ausgeklügeltes, ökologisch äußerst sinnvolles Anbausystem: Unter dem grünen schützenden, hohen Baldachin Tausender Dattelpalmen wachsen in Etagen Obstbäume, Bananenstauden und ebenerdig Gemüse. Die Oasen versorgen das umliegende Land ständig mit frischen Produkten. An Auberginen, Paprika-schoten, scharfen Peperoni, Tomaten, Gurken, Melonen und Kürbissen herrscht daher kein Mangel.

Mit Hülsenfrüchten prall gefüllte Säcke fallen in jedem arabischen Marktviertel auf. Da stehen leere Blechdosen in verschiedenen Größen bereit, um die gewünschte Menge abzumessen. Täglich werden in jedem Haushalt die verschiedenen Hülsenfrüchte, preiswerte, sättigende und nahrhafte Eiweißlieferanten, zubereitet. Kichererbsen, geschälte Linsen und vor allem Bohnen finden sich in Suppen, Pasten oder Ragouts. In Ägypten bilden braune Bohnen die Grundlage für das Nationalgericht Foul, dicke Bohnen für die Bohnenbällchen Tamiya. Frische Gemüse und gekochte Hülsenfrüchte – sie ergänzen sich in der arabischen Küche aufs beste.

Zucchini mit Chermoula

Marokko · Gelingt leicht **Gara bi Chermoula**

Zutaten für 4 Portionen:
Für die Würzmischung Chermoula:
1 große Zwiebel
2 Knoblauchzehen
1/2 TL Paprikapulver, edelsüß
1/2 TL Kreuzkümmel (Kumin),
gemahlen · Cayennepfeffer
Pfeffer · Salz · 6 EL Olivenöl
2 EL Zitronensaft
Für das Gemüse:
1 kg mittelgroße Zucchini
1/2 Bund glatte Petersilie
3 Zweige Koriander
2 EL Zitronensaft

Zubereitungszeit: 50 Min.
Pro Portion: 710 kJ/170 kcal

1 Zwiebel schälen, Knoblauch häuten. Die Zwiebel fein würfeln und in ein Schüsselchen geben. Knoblauch durch die Knoblauchpresse drücken und hinzufügen. Paprika, Kreuzkümmel, je 1 Prise Cayennepfeffer und Pfeffer sowie 1/2 TL Salz, Öl, Zitronensaft und 2 EL kaltes Wasser unterrühren, alles gründlich vermischen.

2 Die Zucchini waschen, Stiel- und Blütenansätze abschneiden. Schadhafte Stellen der Schalen mit einem kleinen Küchenmesser leicht abschaben. Die Zucchini der Länge nach in dünne Scheiben schneiden und in einen Topf schichten.

3 Chermoula auf den Zucchini verteilen. Die Zucchini bei mittlerer Hitze zugedeckt etwa 20 Min. dünsten. Die Kräuter abbrausen, die Blättchen fein hacken. Vor dem Servieren die Kräuter über die Zucchini streuen und mit dem Zitronensaft beträufeln.

Tip! Das Gemüse vor dem Servieren leicht abkühlen lassen. Es schmeckt auch lauwarm, im Sommer sogar kalt sehr gut. Unbedingt frisches Fladenbrot dazu reichen.

Gefüllte Zucchini mit Joghurt

Libanon · Sommergericht **Kousa Mihschi bi Laban**

Zutaten für 6 Portionen:
2 kg mittelgroße Zucchini, möglichst
von der hellgrünen Sorte
500 g Rinderhackfleisch
200 g kleinkörniger Reis
(z.B. Milchreis)
2 EL weiches Ghee (s. Glossar) oder
Butterschmalz · Salz
1/2 TL Pfeffer · 1/2 TL Zimtpulver
1 kg Naturjoghurt (ohne
Verdickungsmittel, s. Glossar) · 1 Ei
4 Knoblauchzehen
1 Bund frische oder 1 gestrichener EL
getrocknete Minze
nach Belieben: ein paar Minze-
blättchen zum Garnieren

Zubereitungszeit: 50 Min.
(+ 35 Min. Garen)
Pro Portion: 2200 kJ/520 kcal

1 Die Zucchini waschen, Stiel- und Blütenansätze abschneiden. Schalen mit einem kleinen Küchenmesser dünn abschaben. Die Zucchini quer in der Mitte durchschneiden, jede Hälfte mit einem Mokkalöffel vorsichtig, wie zu einer Röhre, aushöhlen, doch soll je ein Ende geschlossen bleiben. (Zucchinifleisch anderweitig verwenden.)

2 Hackfleisch in eine Schüssel geben. Reis in einem Sieb abspülen, Wasser abschütteln, Reis zum Fleisch geben. Ghee oder Schmalz, Salz, Pfeffer und Zimt hinzufügen und alles gut verkneten. Die Zucchini mit dieser Masse zu zwei Drittel locker füllen und nebeneinander in einen breiten Topf legen. Etwa 1/2 l Wasser mit Salz an die Zucchini gießen, so daß sie knapp bedeckt sind. Aufkochen lassen. Zucchini dann bei schwacher Hitze 30–35 Min. – je nach Dicke – garen.

3 Inzwischen vom Joghurt das abgesetzte Wasser abgießen. Joghurt und Ei in einen Topf geben, salzen und alles verquirlen. Knoblauch häuten und durch die Knoblauchpresse drücken. Frische Minze abbrausen, Blättchen fein hacken. Joghurt unter ständigem Rühren bis nahe zum Kochpunkt erhitzen. Knoblauch und Minze unterrühren. Die Zucchini abtropfen lassen, in eine flache Schüssel legen, mit dem Joghurt übergießen, nach Belieben mit Minze garnieren und mit frischem Fladenbrot servieren.

Gefüllte Zwiebeln

Libyen · Gelingt leicht **Basal Mihschi**

Zutaten für 4 Portionen:
8 mittelgroße, weiße Zwiebeln
(etwa 1,5 kg)
400 g Lamm- oder Rinder-
hackfleisch
4 Knoblauchzehen · 2 Eier
80 g Weizengrieß · Salz
schwarzer Pfeffer, frisch gemahlen
1 kleine Dose geschälte Tomaten
(240 g Abtropfgewicht)
2 EL Olivenöl
2 EL Tomatenmark
1 TL Paprikapulver, edelsüß
1/2 TL Harissa (S. 49)

Zubereitungszeit: 45 Min.
(+ 1 Std. Garen)

Pro Portion:
1800 kJ/430 kcal

1 Die Zwiebeln schälen, die Wurzelansätze knapp abschneiden, so daß die Zwiebeln einigermaßen standfest sind, aber nicht auseinanderfallen. Von den Zwiebeln kleine Deckel abschneiden. Mit dem Kugelausstecher die Zwiebeln vorsichtig aushöhlen und beiseite legen.

2 Das Hackfleisch in eine Schüssel geben. Von den Zwiebelstücken 2 EL fein hacken, zum Fleisch geben (Rest anderweitig verwenden). Knoblauch häuten, in der Knoblauchpresse zerdrücken und hinzufügen. Eier, Weizengrieß, Salz und reichlich Pfeffer dazugeben, alles gut vermischen. Die ausgehöhlten Zwiebeln damit füllen und die kleinen Deckelchen aufsetzen.

3 Den Saft der Tomaten in ein Schüsselchen abgießen. Die Tomaten zerdrücken. In einem Topf das Öl erhitzen und die Tomaten hinzufügen. Tomatenmark, Paprikapulver, Harissa und Salz im Tomatensaft glattrühren, zu den Tomaten geben.

4 Alles bei mittlerer Hitze etwa 2 Min. kochen lassen. Die Zwiebeln nebeneinander in die Tomatensauce setzen. Den Topf schließen und die Zwiebeln etwa 1 Std. bei schwacher Hitze garen. Die Zwiebeln in eine Schüssel setzen. Sauce mit Salz abschmecken, über die Zwiebeln gießen und mit Weißbrot oder mit Reis servieren.

Gefüllte Kartoffelküchlein

Irak · Braucht etwas Zeit   **Batata Scharb**

Zutaten für 6 Portionen:
Für den Kartoffelteig:
1 kg Kartoffeln, mehligkochend
1 Ei · 5 EL Mehl · Salz
schwarzer Pfeffer, frisch gemahlen
Mehl zum Arbeiten
Für die Füllung:
1 große weiße Zwiebel
3 reife aromatische Tomaten
1 Knoblauchzehe
1 Bund glatte Petersilie
2 EL Olivenöl
1 TL Kurkuma (Gelbwurzpulver)
1/2 TL Pimentpulver
Salz · Pfeffer
1/2–1 l neutrales Pflanzenöl

Zubereitungszeit: 1 1/2 Std.

Pro Portion: 1700 kJ/400 kcal

1 Kartoffeln mit Wasser bedeckt in 20–25 Min. garen. Abgießen, abschrecken, pellen und durch ein Sieb in eine Schüssel streichen. Mit Ei, Mehl, Salz und Pfeffer zu einem geschmeidigen Teig verkneten.

2 Für die Füllung die Zwiebel schälen und im Blitzhacker fein zerkleinern. Die Tomaten mit kochendheißem Wasser überbrühen, häuten, vierteln und die Stielansätze herausschneiden. Die Tomaten fein würfeln. Knoblauch häuten und durchpressen. Petersilie abbrausen, die Blättchen fein hacken.

3 Das Öl in einer Pfanne erhitzen, Zwiebel darin glasig braten. Dann Tomaten, Knoblauch und Petersilie dazugeben und so lange bei mittlerer Hitze offen garen, bis alle Flüssigkeit verdampft ist. Die Füllung mit Kurkuma, Piment, Salz und Pfeffer pikant abschmecken und abkühlen lassen.

4 Mit gut bemehlten Händen 1 gehäuften EL des Kartoffelteiges zu einem Bällchen formen, ein Loch hineindrücken und einen Teil der Füllung hineingeben. Die Öffnung gut verschließen und das Bällchen im Mehl wenden. Bällchen flachdrücken und auf einen Teller legen.

5 Aus dem restlichen Teig und der restlichen Füllung alle weiteren Kartoffelküchlein formen und nebeneinander auf den Teller setzen. Reichlich Öl in einer schweren Pfanne erhitzen und die Küchlein portionsweise bei mittlerer Hitze von beiden Seiten in etwa 5 Min. goldbraun ausbacken. Auf Küchenpapier entfetten, dann auf eine Servierplatte legen und warm halten, bis alle Küchlein ausgebacken sind. Mit gemischtem Salat und Fladenbrot servieren.

Grüne Bohnen mit Tomaten

Syrien · Gelingt leicht   **Lubyi bi Zait**

Zutaten für 4 Portionen:
500 g flache, breite grüne Bohnen
1 mittelgroße Zwiebel
2 Knoblauchzehen
½ Bund glatte Petersilie
1 kleine Dose geschälte Tomaten
(240 g Abtropfgewicht)
5 EL Olivenöl
1 EL Tomatenmark · Salz
schwarzer Pfeffer, frisch gemahlen
1 gestrichener TL Zucker

Zubereitungszeit: 50 Min.

Pro Portion: 680 kJ/160 kcal

1 Bohnen waschen, Stielansätze und Spitzen abschneiden, nach Bedarf Fäden abziehen. Die Bohnen in etwa 5 cm lange Stücke schneiden. Zwiebel schälen, Knoblauch häuten, Zwiebel in kleine Würfel schneiden, Knoblauch hacken. Petersilie abbrausen, Blättchen grob hacken. Die Tomaten fein hacken, Saft aufbewahren.

2 Olivenöl in einem Topf erhitzen, Zwiebel darin bei mittlerer Hitze glasig braten. Knoblauch hinzufügen und kurz mitbraten. Dann Bohnen, Tomaten mit Saft, Tomatenmark, 100 ml Wasser, Salz, Pfeffer und Zucker dazugeben und alles zugedeckt bei schwacher bis mittlerer Hitze 15–20 Min. garen.

3 Die Petersilie unterrühren und das Gemüse weitere 5–10 Min. garen. Vor dem Servieren nochmals mit Salz und Pfeffer abschmecken.

Tip! Das Gemüse kann sowohl warm als Beilage zu gebratenem oder gegrilltem Fleisch oder Fisch als auch gekühlt als Vorspeise oder anstelle von Salat gegessen werden.

Gefüllte Auberginen

Marokko · Vegetarisch   **Badhinjan Mihschi**

Zutaten für 4 Portionen:
4 mittelgroße Auberginen
2 EL Zitronensaft · Salz
6 EL Olivenöl
2 mittelgroße Zwiebeln
2 Knoblauchzehen
1 Bund glatte Petersilie
6 gut reife Tomaten (700 g)
½ TL Paprikapulver, edelsüß
je 1 Msp. schwarzer Pfeffer, frisch
gemahlen, Cayennepfeffer und
Kreuzkümmel (Kumin), gemahlen
1 TL Zucker

Zubereitungszeit: 45 Min.
(+ 20 Min. Ruhen lassen
+ 40 Min. Backen)

Pro Portion: 910 kJ/220 kcal

1 Die Auberginen waschen, die Stiele nicht entfernen, nur die grünen Kränze daran abschälen. Die Auberginen der Länge nach halbieren. Die Hälften mit Zitronensaft beträufeln, mit Salz bestreuen, etwa 20 Min. ruhen lassen. Dann abbrausen und gut trockentupfen.

2 In einer großen Pfanne 4 EL Öl erhitzen und die Auberginenhälften portionsweise bei starker Hitze von beiden Seiten in 5–6 Min. hellbraun anbraten, abtropfen lassen. Mit einem Löffelchen bis auf jeweils einen Rand von ½ cm Breite aushöhlen. Auberginenfleisch grob hacken und beiseite stellen. Auberginenhälften nebeneinander in ein Tajine oder eine große Auflaufform legen. Die Pfanne beiseite stellen. Zwiebeln schälen, Knoblauch häuten, Zwiebeln in Ringe, Knoblauch in Scheibchen schneiden. Petersilie abbrausen, Blättchen fein hacken.

3 Den Backofen auf 175° vorheizen. 4 Tomaten mit kochendheißem Wasser übergießen, häuten. Das Fruchtfleisch klein würfeln. Das restliche Öl zum Öl in der Pfanne geben, erhitzen. Zwiebeln und Knoblauch darin bei mittlerer Hitze glasig braten. Tomaten, Auberginenfleisch, Petersilie und Gewürze unterrühren, etwa 5 Min. unter Rühren garen. Mit Salz abschmecken.

4 Die Füllung auf die Auberginenhälften verteilen. Die restlichen Tomaten waschen, in Scheiben schneiden, dabei Stielansätze entfernen. Tomaten auf die Füllung legen, mit Salz, Pfeffer und Zucker bestreuen. Das Gemüse offen in 35–40 Min. im Backofen (Mitte; Umluft 160°) backen.

Foul

Gekochte braune Bohnen

Zutaten für 4 Portionen:
1 mittelgroße Tomate
1 kleine weiße Zwiebel
250 g kleine braune getrocknete
Foul-Bohnen (s. Glossar)
50 g geschälte rote Linsen
(s. Glossar)
Zum Servieren:
50 ml Olivenöl, kaltgepreßt
Saft von 2 Zitronen
3 EL Kreuzkümmel (Kumin),
gemahlen · Salz
schwarzer Pfeffer, frisch gemahlen
3 kleine knackige Gurken (je 150 g)
2 reife aromatische Tomaten
2 milde Spitzpaprikaschoten
2 mittelgroße rote Zwiebeln

Zubereitungszeit: 35 Min.
(+ 8 Std. Garen)
Pro Portion:
1700 kJ/400 kcal

1 Tomate waschen, vierteln, Stielansatz herausschneiden. Die Zwiebel schälen und ebenfalls vierteln. Das Gemüse mit den Bohnen und Linsen in einen großen hohen Topf geben, 1 l Wasser hinzufügen und zum Kochen bringen. Dann Temperatur herunterschalten und die Bohnen zugedeckt bei schwacher Hitze unter gelegentlichem Rühren etwa 8 Std. garen. Zwischendurch nach Bedarf noch etwas Wasser nachgießen und unterrühren, die Bohnen sollen nicht ansetzen.

2 Kurz vor dem Servieren Olivenöl und Zitronensaft in je 1 Kännchen füllen. Kreuzkümmel, Salz und Pfeffer in separate Schälchen geben. Gurken und Tomaten waschen. Gurken schälen und klein würfeln. Tomaten vierteln, Stielansätze herausschneiden. Tomaten in feine Würfel schneiden. Die Paprikaschoten putzen, waschen und in feine Würfel schneiden. Die Zwiebeln schälen und ebenfalls fein würfeln. Alle Gemüse getrennt voneinander in Schälchen füllen.

3 Bei Tisch gibt jeder eine Portion der Bohnen auf seinen Teller, würzt nach Geschmack mit Kreuzkümmel, Salz und Pfeffer und streut nach Wunsch Gemüsewürfelchen über seine Portion. Zum Schluß werden Zitronensaft und Olivenöl darüber geträufelt. Dazu reichlich frisch gebackenes Fladenbrot (S. 64) servieren.

Foul

Die über Stunden mit Gemüse gekochten braunen Foul-Bohnen (auch
Acker- oder Fava-Bohnen genannt,
s. Glossar) gehören zu den Grundnahrungsmitteln in Ägypten. Die Bohnen
sind sehr preiswert und enthalten
zudem viel pflanzliches Eiweiß und
Stärke. In Kombination mit Brot,
Fett und rohem Gemüse ergeben die
Bohnen eine vollwertige, sehr gesun-
de Mahlzeit. Sie werden auch gerne
zum Frühstück oder als Imbiß ver-
speist. In Kairo und anderen Städten
Ägyptens ist die Foul-Garküche an
der Straßenecke eine feste Institu-
tion, die den Hausfrauen die zeitrau-
bende Zubereitung der Bohnen er-
spart. Die Straßenköche bereiten ihr
Foul noch in den typischen bauchi-

Die Bohnen für Ägyptens »Nationalgericht« kocht man stundenlang.

gen Metallgefäßen zu, die sich nach
oben hin schmal verengen. Häufig sieht
man in den Vormittagsstunden Frauen
und Kinder, wie sie die dampfenden
Bohnen in Schüsseln nach Hause balan-
cieren. Dort werden die Bohnen mit
Fladenbrot, Olivenöl, reichlich Kreuz-

kümmel und kleingewürfeltem Gemüse oder auch hartgekochten Eiern
serviert. Als Straßenimbiß wird Foul
in Brottaschen verkauft. In den größeren Hotels zählt Foul auch zum
Bestandteil auf dem Frühstücks-
buffet.

Falafel

Syrien · Gelingt leicht · **Kichererbsen-Bällchen**

Zutaten für 4 Portionen:
250 g getrocknete Kichererbsen
1 mittelgroße Zwiebel
2 Knoblauchzehen
½ Bund glatte Petersilie
1 Msp. Chilipulver
1 TL Koriander, gemahlen
½ TL Kreuzkümmel (Kumin),
gemahlen
Pfeffer, frisch gemahlen · Salz
1 TL Backpulver · 1 EL Mehl
50 g Paniermehl
½–1 l neutrales Pflanzenöl

Zubereitungszeit: 1 Std.
(+ 12 Std. Einweichen)
Pro Portion: 1900 kJ/450 kcal

1 Die Kichererbsen über Nacht mit reichlich Wasser bedeckt quellen lassen. Anschließend in ein Sieb geben und abtropfen lassen. Zwiebel schälen, Knoblauch häuten, beides in grobe Stücke schneiden. Petersilie abbrausen, die Blättchen grob hacken.

2 Kichererbsen mit Zwiebel, Knoblauch und Petersilie durch die feine Scheibe des Fleischwolfs drehen. Dann alle Gewürze, Salz, Backpulver, Mehl und Paniermehl dazugeben und zu einem glatten Teig verkneten.

3 Aus dem Kichererbsenteig gut walnußgroße Bällchen formen und auf eine Platte legen. In einer hohen Pfanne reichlich Öl stark erhitzen, bis an einem hineingehaltenen Holzstäbchen Bläschen emporsteigen. Dann die Temperatur auf mittlere Hitze herunterschalten. Die Falafel im Öl portionsweise unter Wenden in 7–8 Min. goldbraun fritieren. Vorsicht, Spritzgefahr! Die Bällchen auf einen mit Küchenpapier ausgelegten Teller legen und anschließend sofort mit Sesamsauce (S. 90) servieren.

Info: Falafel werden meist in halbierten aufgeschnittenen Fladenbroten, aber auch als Beilage gereicht.

Bohnenbällchen

Ägypten · Braucht etwas Zeit · **Tamiya**

Zutaten für 6 Portionen:
500 g getrocknete, geschälte dicke
Bohnenkerne (s. Glossar)
2 Bund Frühlingszwiebeln
5 Knoblauchzehen · 2 Bund Dill
2 Bund glatte Petersilie
1 Bund Koriander
½ Bund Minze
1 EL Kreuzkümmel (Kumin),
gemahlen · Salz
2 TL Plättchenpaprika (getrocknete,
geschrotete Chilischoten)
1 Ei · ½ Päckchen Backpulver
150 g Paniermehl · 150 g Sesam-
samen, ungeschält
½–1 l neutrales Pflanzenöl

Zubereitungszeit: 2½ Std.
(+ 12 Std. Einweichen)
Pro Portion: 2800 kJ/670 kcal

1 Die Bohnen über Nacht mit reichlich Wasser bedeckt quellen lassen. In ein Sieb geben, fremdes Saatgut entfernen (verlesen), die Bohnen kalt abbrausen, gut abtropfen lassen.

2 Die Frühlingszwiebeln abbrausen, Wurzelansätze und dicke grüne Röhren entfernen, die Zwiebeln grob hacken. Knoblauch häuten, in Stücke schneiden. Kräuter abbrausen, Blättchen grob hacken.

3 Zwiebeln, Kräuter, Knoblauch und Bohnen vermengen und zweimal durch die feine Scheibe des Fleischwolfs drehen. Die Masse in eine Schüssel geben und mit den Gewürzen, Ei, Backpulver und Paniermehl gut vermengen und zu einem Teig verkneten. Sollte der Teig zu feucht und bröselig sein, noch 2–3 EL Paniermehl unterarbeiten.

4 Bohnenteig zugedeckt etwa 1 Std. ruhen lassen. Dann gut walnußgroße Bällchen formen. Sesamsamen in einen tiefen Teller geben, Bällchen hineindrücken, so daß sie flach werden und Sesam an der Unterseite haftet.

5 Öl in einer tiefen Pfanne stark erhitzen, bis an einem hineingehaltenen Holzstäbchen Bläschen emporsteigen. Hitzezufuhr auf mittlere Hitze herunterschalten und die Bällchen portionsweise in 7–8 Min. unter Wenden braun ausbacken. Auf Küchenpapier entfetten, dann sofort mit Fladenbrot und Sesamsauce (S. 90) servieren.

FISCH UND MEERESFRÜCHTE

W er frühmorgens einen Fischereihafen am Roten Meer besucht, fühlt sich zurückversetzt in die Zeit Sindbad des Seefahrers. Bauchige Holzboote, die Dhaus, dümpeln am Kai. Durch das Menschengewühl aus Käufern und Neugierigen eilen Träger, mit Lendenschurz und Turban bekleidete verwegene Gestalten, und bergen die »Schätze« der Fischer vom Beutezug der letzten Nacht. Sie tragen sie in riesigen, aus Palmblattfasern geflochtenen Taschen vom Boot zu den Wagen der wartenden Händler, die die fangfrischen Fische fachmännisch begutachten: leuchtend rote Barben, silbrig glänzende Brassen und Meeräschen, farbenprächtige Riffische, riesige steingraue Barsche, bläulich glitzernde Sardinen, Thunfische und sogar Haie, nicht zu vergessen Garnelen und Tintenfische. Ob am Roten Meer, am Indischen Ozean, am Persischen Golf, am Mittelmeer oder am Atlantik – das Gedränge und Feilschen in den Häfen und an den Marktständen zeigt, wie beliebt Fisch und Meeresfrüchte in der arabischen Küche sind. Die Zubereitung variiert je nach Land (die Garzeiten sind jedoch in der Regel überall länger als man es z.B. in Deutschland gewöhnt ist). In Marokko hüllt man Fisch vor dem Garen gerne in eine würzige Paste, in Chermoula. In Syrien bedeckt man ihn mit Sesamsauce. In Ägypten wird die regionale Spezialität, Nilbarsch, traditionell mit Kreuzkümmel herzhaft gewürzt. In den Arabischen Emiraten sind Garnelen mit Reis, Fischkroketten und vor allem auch herzhaft gewürztes Fisch-Curry gefragt, während im Oman Fisch mit Kokosnußsauce besonders beliebt ist. Häufig wird Fisch in seiner einfachsten Form, vor allem in kleinen Garküchen am Markt zubereitet: gegrillt, gewürzt, in Fladenbrot gepackt und aus der Hand gegessen.

Nilbarsch mit Kreuzkümmel

Ägypten · Gelingt leicht **Samak bi'l-Kammun**

Zutaten für 4 Portionen:
4 Nilbarsche (je 450 g) oder
2 Nilbarsche (je etwa 1 kg), küchen-
fertig vorbereitet (ersatzweise
Rotbarben oder Meerbrassen)
1 TL Salz
schwarzer Pfeffer, frisch gemahlen
2 TL Kreuzkümmel (Kumin),
gemahlen
¹/₂ Bund glatte Petersilie
3 Zweige frische Minze
3 Knoblauchzehen
Saft von 1 Zitrone
4 EL Olivenöl, kaltgepreßt
zum Servieren: Zitronenachtel
nach Belieben: frische Minze-
blättchen zum Garnieren

Zubereitungszeit: 45 Min.
(+ 1 Std. Marinieren)
Pro Portion:
1800 kJ/430 kcal

1 Die Fische innen und außen kalt abspülen und trockentupfen. An den fleischigen Seiten jeweils schräg drei etwa 1 cm tiefe Schnitte anbringen. Salz, Pfeffer und Kreuzkümmel in einem Schüsselchen vermengen. Gewürzmischung in die Einschnitte der Fische geben sowie die Fische innen und außen damit einreiben. Fische auf einen großen Teller legen.

2 Frische Kräuter abbrausen, Blättchen fein hacken. Knoblauch häuten, in Stifte schneiden. Zitronensaft und Olivenöl verrühren. Kräuter und Knoblauchstifte in und auf den Fischen verteilen, die Fische mit der Öl-Zitronen-Marinade beträufeln. Die Nilbarsche mit Alufolie zugedeckt unter gelegentlichem Wenden etwa 1 Std. im Kühlschrank marinieren. Holzkohlen- oder Elektrogrill rechtzeitig vorheizen.

3 Die Fische aus der Marinade nehmen und leicht abtropfen lassen. Auf dem Holzkohlen- oder Elektrogrill von jeder Seite 7–8 Min. grillen (große Fische 12–14 Min.), bis das Fischfleisch gar ist und sich leicht von den Gräten löst. Sofort mit Zitronenachteln und Reis mit Zwiebeln (S. 57) oder frisch aufgebackenem Fladenbrot servieren. Mit frischer Minze garnieren.

Tip! Wer keinen Grill besitzt, kann die kleinen Fische auch bei mittlerer Hitze in 5–8 Min. (je nach Dicke) in der Pfanne in Olivenöl braten. Dabei die Fische einmal wenden.
Als Gemüse passen besonders gut gegrillte oder geschmorte Tomaten und Spitzpaprikaschoten dazu.

Fisch mit würziger Sauce

Jemen · Gelingt leicht   Mutaffaya

Zutaten für 4 Portionen:
800 g Bonito- oder Thunfischsteaks
3 mittelgroße weiße Zwiebeln
4 Knoblauchzehen
je 1 rote und grüne Paprikaschote
2 grüne scharfe Peperoni
(s. Glossar)
4 mittelgroße reife Tomaten
6 EL neutrales Pflanzenöl
2 Stückchen Zimtrinde (3–4 cm)
$^1/_2$ TL schwarzer Pfeffer,
frisch gemahlen
1 TL Kreuzkümmel (Kumin),
gemahlen
1 TL Ingwerpulver
1 TL Paprikapulver, rosenscharf
3 EL Tomatenmark · Salz
1 Bund glatte Petersilie

Zubereitungszeit: 1 Std.
Pro Portion: 2800 kJ/670 kcal

1 Fisch kalt abspülen und trockentupfen. Zwiebeln schälen, Knoblauch häuten, beides fein würfeln. Paprikaschoten und Peperoni halbieren, Trennwände, Kerne und Stielansätze entfernen, die Schotenhälften waschen und fein würfeln.

2 Die Tomaten mit kochendheißem Wasser übergießen und häuten. Stielansätze herausschneiden und das Fruchtfleisch würfeln.

3 In einer Pfanne mit hohem Rand 3 EL Öl stark erhitzen. Zwiebeln und Knoblauch mit der Zimtrinde darin kurz anbraten. Pfeffer, Kreuzkümmel, Ing-

wer- und Paprikapulver unterrühren, dann das vorbereitete Gemüse. Alles bei mittlerer Hitze unter Rühren etwa 5 Min. garen.

4 Das Tomatenmark in $^1/_8$ l Wasser verrühren, unter das Gemüse mischen und noch etwa 5 Min. garen. Die Sauce mit Salz abschmecken. Die Petersilie abbrausen, ein paar Blättchen beiseite legen, restliche Blättchen hacken und unter die Sauce rühren. Die Fischsteaks dazwischen legen. Das restliche Öl darüber träufeln und den Fisch bei schwacher Hitze zugedeckt je nach Dicke 20–30 Min. garen, dabei einmal wenden. Mit Petersilie garnieren und mit Reis oder mit Fladenbrot servieren.

Fisch-Curry

VAE · Gelingt leicht **Samak bi Khubz**

Zutaten für 4 Portionen:
2 kleine dünne Fladenbrote
(je 100 g)
2 mittelgroße Zwiebeln
2 Knoblauchzehen
3 mittelgroße Tomaten
400 g Victoria- oder Rotbarschfilet
3 EL Ghee (s. Glossar) oder
Butterschmalz
1 EL Baharat-Gewürzmischung
(S. 114)
1 EL Currypulver
2 getrocknete Zitronen (s. unten)
Salz

Zubereitungszeit: 1 Std.

Pro Portion: 1800 kJ/430 kcal

1 Backofen auf 150° (Umluft 140°) vorheizen. Das Fladenbrot im Ofen (Mitte) in etwa 7 Min. goldbraun rösten. Kurz abkühlen lassen, dann die Fladen in kleine Stückchen brechen. Zwiebeln schälen, Knoblauch häuten, Zwiebeln in kleine Würfelchen schneiden, Knoblauch hacken.

2 Die Tomaten mit kochendheißem Wasser überbrühen, häuten, vierteln, Stielansätze entfernen. Tomatenfleisch würfeln. Fisch kalt abspülen und in etwa 3 cm große Stücke schneiden.

3 Ghee oder Schmalz in einem großen Topf erhitzen, erst Zwiebeln, dann Knoblauch bei mittlerer Hitze darin anbraten. Gewürze dazugeben, unterrühren. Dann den Fisch in den Topf geben und etwa 2 Min. anbraten. Brot hinzufügen, unter Rühren kurz mitbraten, dann Tomaten, getrocknete Zitronen und ½ l Wasser einrühren.

4 Mit Salz abschmecken und zugedeckt bei schwacher bis mittlerer Hitze unter gelegentlichem Rühren 15–20 Min. schmoren, bis das Brot schön weich und der Fisch in kleine Stückchen zerfallen ist. Nochmals abschmecken, die getrockneten Zitronen entfernen und das Fisch-Curry z.B. mit Reis und Salat servieren.

Getrocknete Zitronen

Die unscheinbaren, grau-bräunlichen, schrumpeligen getrockneten kleinen Zitronen geben vielen Gerichten der arabischen Halbinsel und des Irak eine ganz spezielle, sehr aparte Note. Die Zitronen (arab. loomi, limu omani, noomi) kommen aus dem Oman und Thailand. Dort trocknen die besonders kleinen, dünnschaligen Zitronen im tropischen Klima direkt an den Bäumen oder ausgelegt auf kleinen Terrassen in geschützten Gebirgstälern. Die getrockneten Zitronen geben ein recht intensives Aroma, besonders wenn das Innere im Mörser

Getrocknete Zitronen geben Gerichten ein unvergleichliches Aroma.

pulverisiert und dann verwendet wird. Loomi, die im Ganzen mitgekocht werden, sollte man vor dem Servieren aus dem Gericht entfernen. Getrocknete Zitronen halten sich in einem luftdichten Glas über mehrere Jahre. Leider gibt es keinen optimalen Ersatz für die getrockneten Zitronen, am ehesten kommt noch die abgeriebene Schale von ½ unbehandelten Limette an das ungewöhnliche Aroma von 1 Loomi heran.

Fisch in Sesamsauce

Syrien · Gut vorzubereiten

Samak bi Tahina

Zutaten für 4 Portionen:
Für den Fisch:
2 große Rotbrassen (je 800 g),
küchenfertig vorbereitet
Saft von 1 Zitrone · 4 EL Olivenöl
Salz · Pfeffer, frisch gemahlen
Für die Sesamsauce:
125 g Tahin (Sesammus, aus dem
Glas) · 4 EL Zitronensaft
1/2 EL Weißweinessig · 3 EL Voll-
milch-Joghurt (s. Glossar)
1/2 TL Kreuzkümmel (Kumin),
gemahlen · Salz · Pfeffer
2 Knoblauchzehen
Zum Garnieren:
Zitronenscheiben von 1/2 Zitrone
2 EL Granatapfelkerne · 1 EL glatte
Petersilienblättchen

Zubereitungszeit: 1 1/2 Std.
Pro Portion: 2000 kJ/480 kcal

1 Den Backofen auf 175° (Umluft 160°) vorheizen. Fische innen und außen kalt abspülen und trockentupfen. Die Fischhaut vorsichtig mit einem scharfen Messer mehrmals schräg einritzen, ohne das Fischfleisch zu verletzen.

2 Die Fische auf einer Platte innen und außen mit Zitronensaft und Olivenöl einreiben, mit Salz und Pfeffer bestreuen. Das Backblech mit Alufolie auslegen, die Fische darauf legen, die abgetropfte Zitronen-Olivenöl-Flüssigkeit darüber träufeln.

3 Fische im Ofen (Mitte) 20–25 Min. garen, bis das Fleisch sich gerade leicht von den Gräten löst. Die Brassen dann in Alufolie wickeln und etwa 30 Min. abkühlen lassen.

4 Inzwischen für die Sauce Tahin, Zitronensaft, Essig, Joghurt und 50 ml Wasser glattrühren. Mit Kreuzkümmel, Salz und Pfeffer pikant abschmecken. Knoblauch häuten, durchpressen und zur Sauce geben. Alles gut verrühren, die Sauce etwa 15 Min. kalt stellen.

5 Vor dem Servieren die Fische auf eine Servierplatte legen und die Haut, die Flossen und die Rückengräten entfernen. Das Fischfleisch mit Sauce bedecken und mit dünnen Zitronenscheiben, Granatapfelkernen und Petersilienblättchen garnieren. Vor dem Servieren noch mal etwa 15 Min. kalt stellen.

Tip! Zu diesem leichten Sommergericht paßt Fladenbrot und ein Salat aus Gurken, Tomaten und Petersilie.

Fisch mit Chermoula

Marokko · Für Gäste   **Samak bi Chermoula**

Zutaten für 4 Portionen:
Für die Würzmischung Chermoula:
3 Knoblauchzehen
Schale von 1 eingelegten Zitrone
(S. 41)
¹/₂ Bund glatte Petersilie
3 Zweige Koriander
1 Msp. Safranpulver
1 Prise Cayennepfeffer
¹/₂ TL Paprikapulver, edelsüß
4 EL Olivenöl
2 EL Zitronensaft · Salz
Für den Fisch:
2 Meerbrassen (je 600 g),
küchenfertig vorbereitet
2 große, gut reife Tomaten
1 grüne Paprikaschote · Salz
2 EL Olivenöl

Zubereitungszeit: 30 Min.
(+ 12 Std. Marinieren
+ 25 Min. Garen)
Pro Portion: 1900 kJ/450 kcal

1 Für Chermoula den Knoblauch häuten und fein hacken. Die Zitronenschale klein würfeln. Petersilie und Koriander abbrausen, die Blättchen hacken. Alles in ein Schüsselchen geben. Gewürze, Olivenöl, Zitronensaft, Salz und 2 EL Wasser hinzufügen.

2 Die Fische außen und innen kalt abspülen, trockentupfen. An den fleischigen Seiten jeweils drei etwa 1 cm tiefe Schnitte anbringen. Die Fische in eine Auflaufform legen, außen und innen mit der Würzmischung einreiben und mindestens 3 Std., noch besser über Nacht, kühl stellen und marinieren.

3 Den Backofen auf 200° (Umluft 180°) vorheizen. Die Tomaten mit kochendheißem Wasser überbrühen, häuten, Stielansätze entfernen. Das Fruchtfleisch würfeln. Die Paprikaschote halbieren, Trennwände, Kerne und Stielansatz entfernen. Die Hälften ausspülen und in Streifen schneiden.

4 Die Fische in der Form mit Tomaten und Paprikastreifen bedecken, leicht mit Salz bestreuen und mit Öl beträufeln. Fische im Ofen (Mitte) 20–25 Min. backen und sofort servieren.

Info: Mit der marokkanischen Würzmischung Chermoula können auch Geflügel- oder Fleischstücke mariniert und im Ofen gegart oder im Topf geschmort werden.

Tintenfische in Tomatensauce

Ägypten · Für Gäste

Um al-Hibr bi Salsat Bandoura

Zutaten für 4 Portionen:
700 g kleine Tintenfische (Kalmare,
oder je 350 g Kalmare und Sepie),
küchenfertig vorbereitet
4 mittelgroße Zwiebeln
4 EL neutrales Pflanzenöl
1 kleine Dose geschälte Tomaten
(240 g Abtropfgewicht)
2 EL Tomatenmark
Salz
schwarzer Pfeffer, frisch gemahlen
¹/₂ TL Kreuzkümmel (Kumin),
gemahlen
¹/₄ TL Pimentpulver
¹/₂ Bund glatte Petersilie
2 Knoblauchzehen

Zubereitungszeit: 1 Std.
Pro Portion: 970 kJ/230 kcal

1 Die Tintenfische kalt abspülen. Von jedem Kalmar das Säckchen und den ringähnlichen Teil, an dem die Fangarme sitzen, vom Kopfteil abschneiden. Diesen wegwerfen. Die Säckchen umstülpen oder aufschneiden und säubern (Säckchen der Sepie ebenfalls säubern).

2 Die Zwiebeln schälen und klein würfeln. Das Öl in einer hohen Pfanne stark erhitzen. Die Zwiebeln darin goldgelb anbraten, dann auf mittlere Hitze schalten. Die Tomaten in Stücke schneiden und mit dem Saft zu den Zwiebeln geben, alles aufkochen.

3 Das Tomatenmark in 125 ml Wasser glattrühren und hinzufügen. Salz, ¹/₂ TL Pfeffer, Kreuzkümmel und Piment unterrühren. Die Sauce offen etwa 10 Min.

kochen, bis sie dicklich wird. Inzwischen Backofen auf 200° (Umluft 180°) vorheizen.

4 Petersilie abbrausen, die Blättchen hacken. Knoblauch häuten, durch die Knoblauchpresse drücken und mit der Petersilie unter die Sauce rühren. Diese nochmals mit Salz abschmecken.

5 Die Tomatensauce in eine Auflaufform geben und die Tintenfische darin verteilen. Im Ofen (Mitte) offen etwa 10 Min. garen. Dann die Hitze auf 175° (Umluft 160°) herunterschalten und die Tintenfische noch etwa 20 Min. garen, bis sie weich sind.

Tip! Zu den Tintenfischen in Tomatensauce Fladenbrot reichen.

Fischkroketten

Saudi Arabien · Gelingt leicht

Kuftat Samak

Zutaten für 4 Portionen:
600 g Thunfischfilet · 2 Schalotten
3 Knoblauchzehen
1 mittelscharfe grüne Peperoni
(s. Glossar)
¹/₂ Bund Koriander
2 getrocknete Zitronen (S. 88)
¹/₂ TL Kurkuma (Gelbwurzpulver)
je 1 Prise Kreuzkümmel (Kumin),
gemahlen, Pimentpulver und
schwarzer Pfeffer, frisch gemahlen
Salz · 1 Ei · 1 EL Mehl
6 EL Butterschmalz zum Fritieren

Zubereitungszeit: 1 Std.
Pro Portion: 1800 kJ/430 kcal

1 Den Fisch kalt abspülen, mit Küchenpapier trockentupfen. Fisch in Würfel schneiden, dabei evtl. vorhandene Gräten vorsichtig entfernen. Den Fisch durch die feine Scheibe des Fleischwolfs drehen oder ganz fein hacken und in eine Schüssel geben.

2 Die Schalotten schälen, den Knoblauch häuten, beides fein hacken. Die Peperoni längs halbieren, Stielansatz und Kerne sowie weiße Rippen herauslösen und die Hälften kalt ausspülen. Die Peperoni fein hacken. Koriander abbrausen und die Blättchen sehr fein hacken.

3 Die getrockneten Zitronen halbieren und aushöhlen. Das Innere im Mörser grob zerstoßen. Schalotten, Knoblauch, Peperoni, Koriander, Gewürze, Salz, Ei und Mehl zum Fisch geben und alles zu einem festen Teig verkneten.

4 Aus dem Teig etwa 6 cm lange, gut daumendicke Kroketten formen. Butterschmalz etwa 4 cm hoch in einer hohen gußeisernen Pfanne erhitzen. Die Kroketten portionsweise bei mittlerer bis starker Hitze goldbraun ausbacken. Zum Entfetten auf einen mit Küchenpapier ausgelegten Teller geben. Sofort mit Fladenbrot und Salat servieren.

Couscous

Couscous-Grundrezept

Zutaten für 4 Portionen:
500 g mittelfeiner Couscousgrieß,
halb vorbereitet (s. Glossar)
Salz
3 EL Ghee (s. Glossar) oder
Butterschmalz
außerdem: 1 Mulltuch

Zubereitungszeit: 1 Std.
(+ 1 Std. Garen)

Pro Portion: 2200 kJ/520 kcal

1 Couscousgrieß auf ein großes Blech schütten, mit kaltem Wasser bedecken und sofort in ein feines Sieb gießen. Den Grieß mit der Gabel durchrühren, etwa 15 Min. stehen und vorquellen lassen. Den Grieß wieder auf das Blech geben und gründlich 5–6 Min. auflokkern. Dazu jeweils 1 Portion Grieß zwischen den Händen über dem Blech zerreiben, so daß sich sämtliche Klümpchen auflösen und der Grieß locker auf das Blech fällt.

2 In den Unterteil eines Couscoussiers (s. Glossar) oder in einen Topf mit Siebeinsatz (oder einem darauf passenden Sieb) 1½–2 l Wasser mit 1 EL Salz (oder die im jeweiligen Rezept angegebenen Zutaten) geben, aufkochen, dann auf mittlere Hitze schalten. Siebeinsatz mit einem Mulltuch auslegen. Die Hälfte Grieß locker darauf verteilen. Wenn

der Dampf durch den Grieß zieht, den restlichen Grieß locker daraufgeben. Den Grieß etwa 30 Min. offen dämpfen.

3 Grieß erneut auf das Blech geben, mit einer Gabel auflockern. Mit 100 ml kaltem, mit ½ TL Salz vermischten Wasser besprenkeln und wieder zwischen den Händen zerreiben. Zuerst 1½ EL Ghee oder Schmalz auf dem Grieß verteilen und untermischen, dann den Rest. Grieß erneut in den mit einem Mulltuch ausgelegten Siebeinsatz füllen, auf die kochende Flüssigkeit setzen.

4 Zwischen Topf- und Siebrand rundum ein feuchtes, zusammengelegtes Küchentuch klemmen. Topf ganz dicht verschließen. Couscous in etwa 30 Min. fertig dämpfen, mit der Gabel auflokkern, je nach Rezept anrichten.

Couscous mit Fisch

Tunesien · Braucht etwas Zeit **Couscous bi Samak**

Zutaten für 4 Portionen:
Für den Couscous:
500 g mittelfeiner Couscousgrieß,
halb vorbereitet
Salz · 3 EL Olivenöl
Für Fisch, Brühe und Sauce:
1 kg Fischfilet oder Fischstücke
ohne Gräten (z.B. Seeteufel,
Rotbarsch oder Kabeljau)
2 große Zwiebeln · 1 kg Tomaten
1/2 l Fischfond (a. d. Glas)
1 Msp. Safran · 2 Thymianzweige
Schale von 1/2 eingelegten Zitrone
(S. 41)
1 EL schwarze Pfefferkörner · 8 EL
Olivenöl · gehackte Blättchen von je
6 Zweigen Petersilie und Koriander
Salz · 6 Knoblauchzehen
1/2 TL Kreuzkümmel
1 TL Paprikapulver, edelsüß
Pfeffer · 1/4 TL Harissa (S. 49)

Zubereitungszeit: 2 Std.
Pro Portion: 3600 kJ/860 kcal

1 Couscous vorbereiten (s. Grundrezept S. 94), im Sieb vorquellen lassen. Fisch abspülen und in große Stücke schneiden, kühl stellen. 1 Zwiebel schälen und würfeln. 500 g Tomaten mit kochendheißem Wasser überbrühen, häuten, Fruchtfleisch würfeln, mit der Zwiebel in den Unterteil des Couscoussiers oder in einen Topf mit Siebeinsatz geben.

2 Fischfond und 1/4 l Wasser, Safran, 1 Thymianzweig, Zitronenschale, Pfefferkörner, 4 EL Öl, gehackte Kräuter und Salz unterrühren. 4 Knoblauchzehen häuten, ganz hinzufügen. Bei schwacher Hitze zugedeckt etwa 5 Min. köcheln lassen. Couscous in den Siebeinsatz füllen, wie im Grundrezept beschrieben bei mittlerer Hitze etwa 30 Min. auf dem Topf mit der Brühe offen dämpfen.

3 Inzwischen für die Sauce 4 EL Olivenöl und 8 EL Wasser in einen Topf geben. Restliche Zwiebel und Knoblauchzehen schälen, fein hacken und hinzufügen, 500 g Tomaten mit kochendheißem Wasser überbrühen, häuten, würfeln, mit 1 Zweig Thymian, Kreuzkümmel, Paprika und Pfeffer hinzufügen und etwa 30 Min. zugedeckt bei schwacher Hitze garen. Mit Salz und Harissa abschmecken, warm stellen.

4 Den Couscous wie beschrieben lockern, Öl untermengen. Den Fisch in die Brühe legen, den Couscous wieder darauf setzen, den Deckel fest schließen. Etwa 20 Min. bei schwacher Hitze dämpfen. Couscous abnehmen, lockern, auf eine Platte häufen. Fisch aus der Brühe heben, in der Mitte des Couscous anrichten. Die Hälfte der Sauce darauf verteilen. Restliche Sauce in die Brühe rühren, etwas davon über den Couscous träufeln. Den Rest in Extraschälchen zum Couscous servieren.

Garnelen mit Reis

VAE · Für Gäste **Machbous**

Zutaten für 4 Portionen:
500 g mittelgroße rohe Garnelen,
geschält, ohne Kopf und Darm
4 Schalotten
2 Knoblauchzehen
1/2 Bund glatte Petersilie
1/4 Bund Koriander
2 EL Ghee (s. Glossar) oder
Butterschmalz
1 TL Kurkuma (Gelbwurzpulver)
1 1/2 TL Baharat-Gewürz (S. 114)
1 kleine Dose Tomaten (240 g
Abtropfgewicht) · Salz
schwarzer Pfeffer, frisch gemahlen
200 g Basmati-Reis

Zubereitungszeit: 1 Std.
Pro Portion: 1600 kJ/380 kcal

1 Garnelen abbrausen, trockentupfen. Schalotten schälen, Knoblauch häuten. Schalotten in Würfelchen schneiden, Knoblauch hacken. Kräuter abbrausen, die Blättchen hacken.

2 Ghee oder Schmalz in einer großen schweren Pfanne erhitzen, Garnelen und Knoblauch darin kurz anbraten, dann aus dem Fett nehmen und beiseite stellen. Schalotten in dem verbliebenen Fett in der Pfanne goldgelb braten, Kurkuma und Baharat-Gewürz darüber streuen und unter Rühren kurz mit anbraten.

3 Die Tomaten in Stücke schneiden und mit dem Saft und 300 ml Wasser,

Salz, Pfeffer und den Kräutern zu den gewürzten Zwiebeln geben. Alles zugedeckt bei mittlerer Hitze etwa 5 Min. kochen. Den Reis waschen, das Wasser gut abtropfen lassen.

4 Den Reis in die Pfanne rühren und einmal aufkochen lassen. Dann die Temperatur herunterschalten und alles bei schwächster Hitze etwa 20 Min. zugedeckt garen.

5 Anschließend den Reis gründlich umrühren und die Garnelen hineingeben. Alles 10–15 Min. weitergaren. Zum Schluß die Herdplatte ausschalten und das Gericht noch etwa 5 Min. ziehen lassen.

Sardinen in Kokosnußsauce

Oman · Braucht etwas Zeit **Makauousha**

Zutaten für 4 Portionen:
1 kg Sardinen · 3 Zwiebeln
5 Knoblauchzehen
4 mittelgroße Tomaten
1 grüne scharfe Peperoni
(s. Glossar)
1 EL Butterschmalz
3 getrocknete Zitronen (S. 88)
4 Kardamomkapseln
1/2 TL Ingwerpulver
1/2 TL Pfeffer, frisch gemahlen
1 Msp. Safranpulver · Salz
6 TL Kokosnußpulver (Coconut
Powder, a. d. Asiengeschäft)
je 4 Zweige glatte Petersilie und
Koriander · 3 EL Zitronensaft

Zubereitungszeit: 1 Std.
Pro Portion: 1600 kJ/380 kcal

1 Die Sardinen schuppen, ausnehmen, die Köpfe entfernen. Die Fische außen und innen kalt abspülen und mit Küchenpapier trockentupfen. Zwiebeln schälen, Knoblauch häuten, beides klein würfeln. Die Tomaten mit kochendheißem Wasser übergießen, häuten, Stielansätze entfernen, das Fruchtfleisch würfeln.

2 Die Peperoni längs halbieren, die Innenteile entfernen, die Schote ausspülen und in Streifchen schneiden. Schmalz in einer Schmorpfanne mit hohem Rand erhitzen. Zwiebeln und Knoblauch darin bei mittlerer Hitze glasig braten. Tomaten, Peperoni und getrocknete Zitronen unterrühren und etwa 2 Min. garen.

3 Samen aus den Kardamomkapseln nehmen und im Mörser zerstoßen. Mit Ingwer, Pfeffer, Safran und Salz unter die Zutaten in der Pfanne rühren. Kokosnußpulver in 1/2 l Wasser gut verrühren, dazugießen und alles etwa 2 Min. köcheln lassen.

4 Petersilie und Koriander abbrausen. Ein paar Korianderblättchen beiseite legen. Restliche Kräuterblättchen fein hacken, ebenfalls hinzufügen. Die Sauce mit Salz und Zitronensaft abschmecken. Die Sardinen in die Sauce legen, darin zugedeckt etwa 10 Min. bei schwacher Hitze gar ziehen lassen. Getrocknete Zitronen entfernen. Sardinen mit Korianderblättchen garnieren, mit Reis servieren.

FLEISCH, GEFLÜGEL UND INNEREIEN

Wie seit Urzeiten leben noch heute zahlreiche Menschen zwischen dem Atlantik und dem Indischen Ozean als viehzüchtende Nomaden. Mit ihren Schaf-, Ziegen- und Kamelherden, der Familie und dem Hausstand wechseln sie, je nach Jahreszeit, von den Sommerweiden in kühlen Gebirgsregionen zu den Winterweiden in den wärmeren Ebenen. Am Rand der Wüste ziehen sie von einer Wasserstelle zur nächsten. Die Milch, die Wolle, vor allem das Fleisch der Herdentiere bilden ihre Existenzgrundlage und garantieren, neben Geflügel, die Fleischversorgung der Menschen in den Dörfern und Städten. Kalb- und Rindfleisch kommt ebenfalls, wenn auch nicht sehr häufig, auf den Tisch. Schweinefleisch wird in der islamischen Welt nicht gegessen, der Koran verbietet es. Lämmer, Schafe und Ziegen werden vor allem zu den religiösen Festen am Ende des Ramadan und zum großen Opferfest 'Id al-adha zu den Märkten getrieben. Geschlachtet werden die Tiere nach den Vorschriften des Koran mit einem raschen Schnitt durch die Kehle. Danach läßt man sie ausbluten. In einigen arabischen Ländern ist es heute noch Brauch, daß Familien, die es sich leisten können, ein ganzes Lamm am Spieß grillen oder es im großen Steinofen garen und das Fleisch mit den Nachbarn und den Armen tei-

len. Besondere Leckerbissen, gefüllte Lammbrust oder gefülltes Huhn, Lamm in der Tajine (in der Tonform) gegart oder Couscous mit Fleisch und Gemüse werden vor allem auch freitags, am Feiertag der islamischen Welt, zubereitet. Die Alltagsküche kommt mit wenig und auch ohne Fleisch aus, was jedoch durch ein vielfältiges, abwechslungsreiches Angebot an leckeren Suppen und herzhaften Gemüsegerichten wettgemacht wird. Zubereitet werden außerdem pikante Speisen mit Innereien, scharfen Würstchen und getrocknetem, stark gewürztem Fleisch, das viel Geschmack gibt.

Bulgur-Fleisch-Klößchen

Kibbeh Mischwiye

Zutaten für 4–6 Portionen:
Für die Füllung:
50 g Walnußkerne
250 g mageres Lamm- oder Rindfleisch
2 mittelgroße Zwiebeln
2 EL Ghee (s. Glossar) oder Butterschmalz · Salz
schwarzer Pfeffer, frisch gemahlen
je ¹/₂ TL Chili-, Zimt-, Pimentpulver und Kreuzkümmel (Kumin), gemahlen
25 g Pinienkerne
Für die Klößchen:
250 g feines Bulgur
500 g mageres Lamm- oder Rindfleisch
1 kleine Zwiebel · Salz
schwarzer Pfeffer, frisch gemahlen
1 TL Paprikapulver, edelsüß
¹/₂–1 l neutrales Pflanzenöl zum Fritieren

Zubereitungszeit: 2 Std.

*Bei 6 Portionen
pro Portion: 2400 kJ/570 kcal*

1 Für die Füllung die Walnußkerne grob hacken. Das Fleisch kalt abspülen, trockentupfen. Fleisch in etwa ¹/₂ cm große Würfel schneiden. Zwiebeln schälen, fein würfeln. Ghee oder Schmalz in einer schweren Pfanne erhitzen und das Fleisch bei starker Hitze so lange anbraten, bis alle Flüssigkeit verdampft ist. Zwiebeln hinzufügen und unter Rühren glasig braten. Salz, Gewürze, Walnuß- und Pinienkerne dazugeben, noch kurz mit anbraten, dann die Füllung beiseite stellen.

2 Für die Klößchen das Bulgur mit reichlich Wasser bedecken, umrühren, Wasser abgießen. Diesen Vorgang zweimal wiederholen. Dann Bulgur in einem Sieb gut abtropfen lassen. Das Fleisch in kleine Stücke schneiden. Zwiebel schälen und klein würfeln.

3 Fleisch und Zwiebel durch die feinste Scheibe des Fleischwolfs drehen. Bulgur gut auspressen, mit dem Fleisch vermischen, Salz, Pfeffer und Paprika dazugeben und alles noch zwei- bis dreimal durch den Fleischwolf drehen, bis das Fleisch sehr fein zerkleinert ist. Die Mischung mit den Händen gut durchkneten, so daß sich alles gut verbindet.

4 Eine Schüssel mit kaltem Wasser bereitstellen. Den Bulgur-Fleischteig in 24 Portionen teilen. Aus jeder Portion mit angefeuchteten Händen ein eiförmiges Klößchen formen.

5 In jedes Klößchen von einem Ende aus mit dem Daumen eine Öffnung drücken. Dafür das Klößchen am besten in die linke Hand nehmen und zwischen Daumen und Zeigefinger der rechten Hand diese Öffnung vergrößern, je dünner die Teigschicht dabei wird, um so besser. Aber Vorsicht, sie darf auf keinen Fall reißen!

6 Einen Teil der Füllung in jedes Klößchen geben, die Öffnung mit feuchten Händen gut verschließen. Die Enden der eiförmigen Klößchen zu Spitzen formen. Backofen auf 75° vorheizen.

7 Öl in einer hohen schweren Pfanne erhitzen, bis an einem hineingehaltenen Holzstäbchen Bläschen emporsteigen. Dann die Temperatur auf mittlere Hitze herunterschalten. Die Klößchen portionsweise unter Wenden in etwa 3–4 Min. braun und knusprig fritieren. Auf Küchenpapier entfetten, im Backofen (Umluft 50°) bis zum Servieren warm halten.

Lammbrust mit Couscous

T'Dilla

Zutaten für 6 Portionen:
*1 Lammbrust mit ausgelösten
Rippen (800–900 g, beim Fleischer
vorbestellen und dort die Rippen
auslösen lassen)
3 EL weiches Ghee (s. Glossar) oder
Butterschmalz
3 Knoblauchzehen
1 Zwiebel · Salz
1/2 TL Ingwerpulver
1/2 TL Safranpulver*
Für die Füllung:
*200 g mittelfeiner Couscousgrieß,
halb vorbereitet
Salz
100 g Rosinen
2 EL Ghee oder Butterschmalz
100 g geschälte, gehackte Mandeln
(s. Info S. 126)
je 1/2 TL Zimtpulver, Ras el Hanout
(s. Glossar) und Paprikapulver,
edelsüß
1 TL Zucker*
zum Garnieren:
*je 6 Zweige glatte Petersilie,
Koriander und Minze*
außerdem: *Küchengarn*

**Zubereitungszeit: 1 Std. 20 Min.
(+ 2 1/2 Std. Garen)**

Pro Portion: 4000 kJ/950 kcal

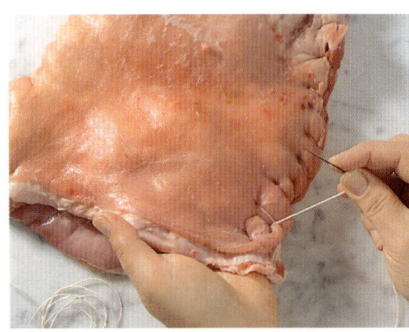

1 Die Lammbrust kalt abspülen, trockentupfen. Den Brustlappen mit der Rippenseite mit Küchengarn so zusammennähen, daß eine große, längliche Tasche entsteht. 2 EL Ghee oder Schmalz in ein Schüsselchen geben. Knoblauch häuten, Zwiebel schälen, beides sehr fein würfeln und hinzufügen. Salz, Ingwer und Safran darüber streuen, alles vermischen. Das Fleisch innen und außen mit drei Vierteln der Mischung einreiben und zugedeckt kühl stellen.

2 Inzwischen Couscous nach Grundrezept (S. 94) vorbereiten, im Siebeinsatz offen etwa 30 Min. dämpfen. Couscous wie beschrieben lockern, 50 ml Wasser, mit 1/4 TL Salz verrührt, übersprenkeln. Die Rosinen waschen und untermischen. Couscous nach Angabe wieder etwa 30 Min. zugedeckt dämpfen, in der Form auflockern. 2 EL Ghee schmelzen, darüber träufeln. Mandeln, Zimt, Ras el Hanout, Paprika und Zucker gut untermischen. Den Backofen auf 175° vorheizen.

3 Die Lammbrust-Tasche mit dem Couscous füllen, die Öffnung mit Küchengarn zunähen.

4 Die Brust mit Küchengarn wie einen Rollbraten umwickeln. 1 EL Ghee in einer Reine stark erhitzen, das Fleisch in etwa 6 Min. rundum anbraten. Restliche Zwiebelmischung darauf verteilen. 1/4 l kochendes Wasser angießen.

5 Lammbrust im Ofen (Mitte; Umluft 160°) offen etwa 2 1/2 Std. garen, mehrmals mit Bratensaft begießen. Die Kräuter abbrausen. Die Lammbrust kurz abkühlen lassen, die Fäden abnehmen. Die Lammbrust auf einer Platte in Scheiben schneiden, mit Bratenfett beträufeln und mit frischen Kräutern garnieren.

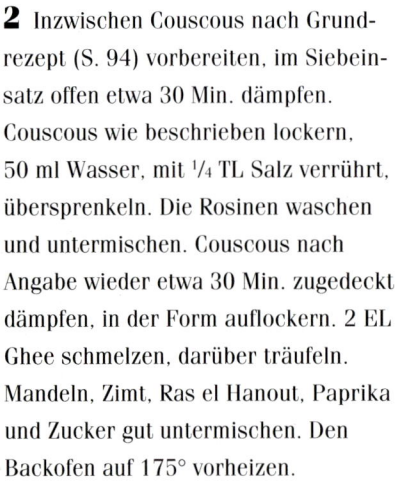

Info: In Libyen tupft man mit Fladenbrotstückchen zuerst das würzige Fett vom Braten ab. Dann wird das Fleisch zerteilt und mit Couscous und Fladenbrot direkt von der Platte gegessen.

Lamm mit Baharat-Gewürz

Bahrain · Gelingt leicht

Lahim Kharouf bi'l-Baharat

Zutaten für 4 Portionen:
4 kleine Lammhaxen (800 g)
1 getrocknete Zitrone (S. 88)
1 große weiße Zwiebel
2 Knoblauchzehen · 300 g Tomaten
2 EL Ghee (s. Glossar) oder
Butterschmalz
1¹/₂ TL Baharat-Gewürzmischung
(S. 114)
¹/₂ TL Kreuzkümmel (Kumin),
gemahlen
schwarzer Pfeffer · Salz

Zubereitungszeit: 1¹/₂ Std.
Pro Portion: 2400 kJ/570 kcal

1 Die Lammhaxen kalt abspülen und in einen großen Topf geben. ¹/₂ l Wasser und die getrocknete Zitrone dazugeben und zugedeckt zum Kochen bringen. Schaum mit einem Schaumlöffel abschöpfen, dann zugedeckt bei mittlerer Hitze etwa 30 Min. kochen.

2 Inzwischen Zwiebel schälen, Knoblauch häuten. Zwiebel in kleine Würfel schneiden, Knoblauch hacken. Die Tomaten mit kochendheißem Wasser überbrühen, häuten, vierteln und die Stielansätze herausschneiden. Die Tomaten in Stückchen schneiden.

3 Ghee oder Schmalz in einer schweren Pfanne erhitzen, Zwiebel darin glasig braten. Dann Knoblauch, die Tomaten, die Gewürze sowie Salz dazugeben und etwa 2 Min. mitbraten. Diese Mischung nach den 30 Min. zum Fleisch geben und gut untermengen.

4 Alles etwa 1 Std. bei schwacher Hitze zugedeckt garen. Vor dem Servieren die getrocknete Zitrone herausnehmen und das Gericht noch mal mit Salz und Pfeffer abschmecken. Als Beilage süßen gewürzten Reis (S. 61) servieren.

Lammragout mit Joghurt

Jordanien · Braucht etwas Zeit

Lahim Kharouf bi Laban

Zutaten für 4 Portionen:
600 g mageres Lammfleisch, aus
der Schulter · Salz
schwarzer Pfeffer, frisch gemahlen
1 große weiße Zwiebel
3 EL Ghee (s. Glossar) oder
Butterschmalz
50 g Pinienkerne
1 TL Kurkuma (Gelbwurzpulver)
je 1 Msp. Kreuzkümmel (Kumin),
gemahlen, Pimentpulver, Muskat-
nuß, gerieben und Safranpulver
1 kleines Stück Zimtrinde
500 g säuerlicher Vollmilch-Joghurt
(z.B. Bulgara-Joghurt), ohne Molke
1 Eiweiß · 2 TL Speisestärke
2 kleine geröstete dünne Fladen-
brote (je 100 g) zum Servieren

Zubereitungszeit: 1¹/₂ Std.

Pro Portion: 2700 kJ/640 kcal

1 Das Lammfleisch kalt abspülen, in etwa 3 cm große Würfel schneiden. In einen großen Topf geben, knapp mit Wasser bedecken, Salz und Pfeffer dazugeben und alles zum Kochen bringen. Abschäumen und zugedeckt bei mittlerer Hitze etwa 30 Min. garen.

2 Inzwischen Zwiebel schälen, fein würfeln. Ghee oder Schmalz in einer schweren Pfanne schwach erhitzen, Pinienkerne darin unter Wenden rösten (Vorsicht, sie verbrennen leicht!), herausnehmen, beiseite stellen.

3 In dem restlichen Fett die Zwiebel glasig braten. Dann die Gewürze dazugeben und unter Rühren etwa 2 Min. mit anbraten, alles zum Fleisch geben und gut vermengen. Das Fleisch so weitere 30 Min. zugedeckt bei schwacher bis mittlerer Hitze garen.

4 Den Joghurt in eine schwere Pfanne geben. Eiweiß verquirlen und mit der Speisestärke und etwas Salz klümpchenfrei in den Joghurt rühren. Alles bei mittlerer Hitze zum Kochen bringen, dabei gelegentlich rühren, aber nur in dieselbe Richtung. Dann die Temperatur herunterschalten, Joghurtmischung offen 3–5 Min. bei schwacher Hitze köcheln lassen, bis sie dicklich ist.

5 Wenn das Lammfleisch weich ist, die Sauce in etwa 5 Min. bei starker Hitze offen auf die Hälfte einkochen lassen. Dann Joghurt dazugeben, wieder nur in dieselbe Richtung rühren und alles offen bei mittlerer Hitze etwa 15 Min. kochen. Mit Pfeffer und Salz abschmecken, die Zimtrinde entfernen. Vor dem Servieren Pinienkerne darüber streuen und auf in Stückchen gebrochenem Fladenbrot mit weißem Reis servieren.

Lamm-Tajine mit Mandeln

Marokko · Festlich　**Tfaiya**

Zutaten für 4 Portionen:
1 Lammschulter (etwa 1,5 kg), beim
Metzger in 3–4 Teile hacken lassen
2 große weiße Zwiebeln
2 EL Ghee (s. Glossar) oder
Butterschmalz · 2 EL Olivenöl
¼ TL Safranpulver
2 TL Ingwerpulver
schwarzer Pfeffer, frisch gemahlen
Salz · 4 Zweige Koriander
Schale von 1 eingelegten Zitrone
(S. 41) · 4 hartgekochte Eier
200 g geschälte Mandeln

Zubereitungszeit: 30 Min.
(+ 1¹/₂ Std. Garen)
Pro Portion: 3800 kJ/900 kcal

1 Fleischstücke waschen, mit einem Messer das Fleisch in großen Stücken von den Knochen schneiden, überschüssiges Fett entfernen. Fleisch in 4–5 cm große Stücke schneiden. Zwiebeln schälen, klein würfeln. In einem Schmortopf 1 EL Ghee oder Schmalz und Olivenöl mittelstark erhitzen. Zwiebeln hineingeben. Safran, Ingwer, Pfeffer und Salz darüber streuen und etwa 1 Min. unter Rühren braten. Fleischstücke untermischen und etwa 3 Min. unter Rühren mitbraten. ¹/₂ l Wasser dazugießen und aufkochen. Das Fleisch zugedeckt bei schwacher Hitze etwa 1¹/₂ Std. garen.

2 Koriander abbrausen, Blättchen hacken, unter das Fleisch rühren. Zitronenschale vierteln, auf das Fleisch legen. Eier pellen, halbieren. Restliches Ghee oder Schmalz in einer Pfanne

erhitzen, die Mandeln bei starker Hitze darin hellbraun rösten und warm halten. Fleisch mit Zitronenschale auf einer Platte anrichten, warm halten. Die Sauce offen auf etwa die Hälfte einkochen, über das Fleisch träufeln. Das Gericht mit gerösteten Mandeln und den Eihälften garnieren und sofort mit Fladenbrot servieren.

Variante: Wenn Sie eine Tajine-Form (s. Glossar) besitzen, füllen Sie bei Punkt 1 angebratenes Fleisch samt Sauce in die Form und garen das Fleisch zugedeckt im vorgeheizten Backofen bei 180° (unten; Umluft 160°) etwa 1¹/₂ Std. Die weitere Zubereitung erfolgt wie angegeben, nur wird die Sauce nicht eingekocht, sondern das Gericht mit Mandeln und Ei garniert in der Tajine-Form serviert (siehe Foto).

Lammleber mit Minze

Syrien · Geht schnell   **Kasbi Mischwi bi Na' Na'**

Zutaten für 4 Portionen:
500 g Lammleber, küchenfertig
vorbereitet (beim Metzger
vorbestellen)
Salz · 3 Knoblauchzehen
4 Zweige frische oder 1 gehäufter
TL getrocknete Minze
schwarzer Pfeffer, frisch gemahlen
6 EL Olivenöl · 2 EL Mehl
zum Servieren: Zitronenachtel

Zubereitungszeit: 15 Min.
(+ 10 Min. Wässern
+ 30 Min. Marinieren)

Pro Portion:
1200 kJ/290 kcal

1 Die Leber in kaltem Salzwasser etwa 10 Min. wässern. Dann herausnehmen, sorgfältig trockentupfen. Die Leber in 2–3 cm große Stücke schneiden.

2 Knoblauchzehen häuten und durch die Knoblauchpresse in ein Schüsselchen drücken. Frische Minze abbrausen, die Blättchen sehr fein hacken. Minze mit Salz, Pfeffer und 3 EL Olivenöl unter den Knoblauch mengen.

3 Die Leberstückchen in einer Schüssel mit der Knoblauch-Minze-Mischung vermengen und zugedeckt im Kühlschrank etwa 30 Min. marinieren.

4 Mehl in einen tiefen Teller geben und die Leberstückchen darin wenden. Restliches Olivenöl in einer Pfanne erhitzen, Leberstückchen darin bei mittlerer bis starker Hitze unter Wenden in 5–7 Min. knusprig braun braten. Mit Zitronenachteln servieren.

Tip! Zu dem Gericht Fladenbrot und Salat, z.B. Brotsalat (S. 41) oder Bulgur-Kräuter-Salat (S. 33) reichen.

Lamm-Couscous mit Gemüse

Marokko · Braucht etwas Zeit

Couscous bi Lahim wa Khudra

Zutaten für 4–6 Portionen:
Für Fleisch und Gemüse:
100 g getrocknete Kichererbsen
750 g Lammfleisch aus der Keule
500 g Lammnacken, in 100-g-Stücke
gehackt
3 Zwiebeln
2 Knoblauchzehen
2 Zimtstangen (je etwa 4 cm)
Salz
1 TL schwarze Pfefferkörner
1 getrocknete Chilischote
1 Msp. Safranpulver
1 TL Paprikapulver, edelsüß
3 EL Olivenöl
6 Möhren (400 g)
6 weiße Rübchen (400 g)
4 Zucchini (600 g)
2 kleinere Auberginen
3 mittelgroße Tomaten · 1 Bund
glatte Petersilie
8 Zweige Koriander
750 g orangefarbener Kürbis
(z.B. Muskat-Kürbis)
¼ TL Harissa (S. 49)
Für den Couscous:
500 g mittelfeiner Couscousgrieß,
halb vorbereitet
Salz
3 EL Ghee (s. Glossar) oder
Butterschmalz

Zubereitungszeit: 1½ Std.
(+ 3 Std. Garen)

Bei 6 Portionen
pro Portion: 3950 kJ/935 kcal

1 Kichererbsen über Nacht einweichen. Abgießen, in einen Topf geben. Mit frischem Wasser bedeckt etwa 3 Std. (oder 1 Std. im Dampfkochtopf) kochen. Im Sud abkühlen lassen. Inzwischen Fleisch und Nackenstücke kalt abspülen, das Fleisch in etwa 5 cm große Stücke schneiden, beides in den Unterteil eines Couscoussiers oder in einen großen Topf legen.

2 Zwiebeln schälen, Knoblauch häuten, beides würfeln, mit Zimt, Salz, Pfeffer, Chilischote, Safran, Paprikapulver, Olivenöl und 1½ l Wasser zum Fleisch geben. Kichererbsen abgießen, abtropfen lassen und ebenfalls hinzufügen. Aufkochen und zugedeckt bei schwacher Hitze etwa 30 Min. kochen.

3 Für den Couscous Couscousgrieß, wie im Grundrezept (S. 94) beschrieben, vorbereiten, im Sieb vorquellen lassen. Möhren und Rübchen schälen, unzerteilt zum Fleisch geben. Couscous wie beschrieben im Siebeinsatz auf dem Fleischtopf etwa 30 Min. offen dämpfen.

4 Zucchini und Auberginen waschen, Stiel- und Blütenansätze abschneiden. Auberginen längs, Zucchini quer halbieren. Tomaten mit kochendheißem Wasser übergießen, häuten. Stielansätze herausschneiden. Kräuter abbrausen, die Blättchen hacken. Den Kürbis schälen und in 4–5 cm breite Streifen schneiden.

5 Nach den 30 Min. Zucchini, Auberginen, Tomaten und Kräuter zum Fleisch geben. Den Couscous wie beschrieben auflockern, Ghee unterarbeiten und noch etwa 30 Min. zugedeckt dämpfen. Kürbis in leicht gesalzenem Wasser etwa 15 Min. kochen, abtropfen lassen. Zum Servieren Couscous mit der Gabel auflockern, auf eine Platte häufen, mit den Händen glätten. Fleisch und Gemüse aus der Brühe heben, in der Mitte des Couscous mit dem Kürbis dekorativ anrichten. 5–6 EL Brühe auf Couscous und Gemüse träufeln. Die restliche Brühe mit Harissa abschmecken, in Schüsselchen zum Couscous reichen.

Info: Couscous (auch Kuskus, Kouskoussou, in arab. t'âam) betrachten die nordafrikanischen Staaten Marokko, Algerien und Tunesien mit ihrer hauptsächlich berberischen Bevölkerung als Nationalgericht. Der Hartweizengrieß muß immer wieder vom Dämpftopf genommen und aufgelockert werden, damit die Grießkörnchen gleichmäßig Feuchtigkeit aufnehmen und nicht zusammenkleben. Der Couscoussier, ein Spezialtopf für dieses Gericht, erleichtert die Zubereitung. Früher (heute manchmal noch auf dem Land) stellten die Frauen Grieß für Couscous selber her. Heute wird Couscous-Grieß halb vorbereitet im Lebensmittelhandel in fein, mittelfein und grob angeboten. In Nordafrika genießt man Couscous hauptsächlich am Freitag, dem »Sonntag« der Muslime, sowie an Festtagen. Das Gericht kommt meist als zweiter Gang auf den Tisch oder als süße Version, mit Mandeln, Nüssen und Orangenblütenwasser zum Dessert.

Gefüllte Weinblätter

Warak 'Enab

Zutaten für 4 Portionen:
400 g Rundkornreis, aus dem
türkischen Lebensmittelgeschäft
Salz
schwarzer Pfeffer, frisch gemahlen
1 TL Kurkuma (Gelbwurzpulver)
je ¼ TL Kreuzkümmel (Kumin),
gemahlen, Koriander gemahlen und
Muskatnuß, gerieben
je 1 Msp. Cayennepfeffer und
Kardamompulver
2 mittelgroße Tomaten
4 Knoblauchzehen
1 Bund glatte Petersilie
6 EL Olivenöl
400 g mageres Lamm- oder
Rinderhackfleisch
300–500 g eingelegte Weinblätter
250 g Lammrippchen

Zubereitungszeit: 1 Std. 10 Min.
(+ 50 Min. Garen)

Pro Portion: 3900 kJ/930 kcal

1 Den Reis so lange waschen, bis das Wasser klar ist, gut abtropfen lassen. Reis in eine Schüssel geben und mit Salz und den Gewürzen vermischen. Die Tomaten waschen, vierteln, Stielansätze herausschneiden und das Fruchtfleisch fein hacken.

2 2 Knoblauchzehen häuten, durch die Knoblauchpresse zum Reis geben. Petersilie abbrausen, die Blättchen fein hacken, mit Tomaten und 2 EL Olivenöl zum Reis geben und gut unterrühren.

3 Das Hackfleisch in einer beschichteten Pfanne ohne Öl bei starker Hitze so lange anbraten, bis alle Flüssigkeit verdampft ist. Dabei mit dem Kochlöffel das Fleisch fein zerbröckeln. Fleisch kurz abkühlen lassen und unter den Reis mengen.

4 Die Weinblätter mit kaltem Wasser abbrausen, dabei einzelne Schichten vorsichtig auseinander nehmen. Die Blätter in einem Sieb abtropfen lassen. Große Blätter halbieren.

5 Die Weinblätter nach und nach mit den glatten Blattoberseiten nach unten auf die Arbeitsfläche legen und die Stiele mit der Küchenschere abschneiden. Auf die breite Seite jedes Blattes 1–2 TL der Füllung geben.

6 Erst die breite Seite, dann die beiden Seiten rechts und links über die Füllung schlagen. Das Ganze zur Blattspitze hin aufrollen. Je kleiner und dünner die Röllchen dabei werden, um so besser.

7 Die Hälfte der Röllchen mit den Nahtstellen nach unten in einen großen schweren Topf schichten. Die restlichen Knoblauchzehen häuten und in Stifte schneiden. Davon die Hälfte auf die Röllchen geben. Lammrippen abbrausen und auf die Weinblätter legen. Die restlichen Röllchen auf die Rippen legen, restlichen Knoblauch darüber verteilen.

8 Restliches Olivenöl und soviel kaltes Wasser an die Weinblätter gießen, daß sie knapp bedeckt sind. Die Blätter mit einem umgedrehten feuerfesten Teller beschweren, Deckel auf den Topf setzen und das Gericht bei starker Hitze aufkochen. Dann den Teller entfernen und die Weinblätter zugedeckt bei mittlerer Hitze in 40–50 Min. weich kochen.

Info: Die gefüllten Weinblätter werden warm gegessen. Dazu gibt es Salat aus Gurken- und Tomatenstückchen mit Petersilie und viel Joghurt, frisch aufgebackenes Fladenbrot und die mitgekochten Lammrippen.

Hackfleisch-Spieße

Syrien · Gelingt leicht **Kufta Mischwiye**

Zutaten für 4 Portionen:
500 g Rinderhackfleisch
2 mittelgroße weiße Zwiebeln
2 Knoblauchzehen
1 TL Sumak (s. Glossar)
Salz · 1 Ei
schwarzer Pfeffer, frisch gemahlen
½ TL Kreuzkümmel (Kumin),
gemahlen
½ TL Koriander, gemahlen
¼ TL Zimtpulver
1 Msp. Cayennepfeffer
2 EL Paniermehl
neutrales Pflanzenöl zum Einpinseln
außerdem: 4 Metallspieße

Zubereitungszeit: 50 Min.
Pro Portion:
1400 kJ/330 kcal

1 Das Fleisch in eine Schüssel geben. 1 Zwiebel schälen, Knoblauch häuten, beides in kleine Würfel schneiden, zum Fleisch geben und vermengen. Diese Mischung zweimal durch die feine Scheibe des Fleischwolfs drehen.

2 Die andere Zwiebel schälen und in dünne Ringe schneiden. Mit dem Sumak und 1 Prise Salz in ein Schüsselchen geben und gut vermengen. Bis zum Servieren zugedeckt kalt stellen. Holzkohlen- oder Elektrogrill rechtzeitig anheizen.

3 Ei, Salz, Gewürze und Paniermehl zum Fleisch geben, alles gut vermischen und zu einem geschmeidigen Teig verkneten. Den Fleischteig in 4 Portio-nen teilen. Je 1 Portion zu einer schma-len Rolle formen und längs auf 1 Spieß stecken, gut andrücken.

4 Die Spieße mit Öl einpinseln und das Fleisch auf dem Holzkohlen- oder Elektrogrill von jeder Seite 7–8 Min. grillen. Sofort mit den Zwiebelringen und frisch aufgebackenem Fladenbrot oder mit Reis und Salat servieren.

Tip! Wer keinen Grill besitzt, kann das Hackfleisch zu kleinen leicht flach-gedrückten Bällchen formen und bei mittlerer Hitze in Öl in der Pfanne von beiden Seiten 7–8 Min. braten.

Kalbsragout mit Okra

Tunesien · Gelingt leicht

Market Bamye

Zutaten für 4 Portionen:
500 g Kalbsgulasch
1 mittelgroße Zwiebel
4 EL Olivenöl
1 TL Korianderkörner
1 TL Paprikapulver, edelsüß
2 EL Tomatenmark
1/4 (oder 1/2) TL Harissa (S. 49)
Salz
schwarzer Pfeffer, frisch gemahlen
500 g möglichst kleine Okraschoten
3 lange milde oder scharfe Peperoni
(s. Glossar)

Zubereitungszeit: 45 Min.
(+ 1 Std. 25 Min. Garen)

Pro Portion: 960 kJ/230 kcal

1 Die Fleischwürfel abspülen, trockentupfen. Die Zwiebel schälen und fein würfeln. Das Öl in einem Bräter stark erhitzen. Das Fleisch darin rundum leicht braun anbraten und den austretenden Saft verdampfen lassen. Dann auf mittlere Hitze schalten.

2 Die Zwiebel unterrühren und glasig braten. Koriander im Mörser fein zerreiben, mit Paprika darüber streuen. Tomatenmark und Harissa in 1/8 l Wasser glattrühren, über das Fleisch gießen. Salz und 1/2 TL Pfeffer unterrühren. Noch 3/8 l Wasser untermischen, alles aufkochen, dann das Fleisch zugedeckt bei schwacher Hitze etwa 45 Min. garen.

3 Inzwischen die Okraschoten in einem Sieb kalt abbrausen, abtropfen lassen. Mit einem scharfen Küchenmesserchen die Stielansätze und Stiele der Okraschoten vorsichtig so zurechtschnitzen, daß sie wie kleine spitze Hütchen aussehen. Beim Schälen die Schoten nicht verletzen, da sonst der schleimige Pflanzensaft austritt. Die Peperoni waschen, längs halbieren, Trennwände, Kerne und Stiele entfernen.

4 Die Okraschoten und Peperoni unter das Fleisch heben, alles zugedeckt 30–40 Min., je nach Größe der Okraschoten, bei schwacher Hitze weitergaren. Das Gericht nicht umrühren, nur den Topf gelegentlich anheben und leicht rütteln, um die Okraschoten nicht zu verletzen. Das Ragout abschmecken, in tiefen Tellern mit Fladenbrot servieren.

Gefülltes Hähnchen

Irak · Für Gäste   **Dijaj 'ala Timman**

Zutaten für 4 Portionen:
2 Schalotten
4 EL Ghee (s. Glossar)
25 g Pinienkerne
50 g Walnußkerne, gehackt
50 g Rosinen
1/2 TL Baharat-Gewürz (s. unten)
Pfeffer · Salz · 50 g Basmati-Reis
1 großes Brathähnchen oder
1 Poularde (etwa 1,5 kg),
küchenfertig vorbereitet
1/4 l Hühnerbrühe (z.B. instant)
außerdem: Küchengarn

Zubereitungszeit: 1 1/2 Std.
Pro Portion: 3000 kJ/710 kcal

1 Die Schalotten schälen und fein hacken. 2 EL Ghee in einer Pfanne mittelstark erhitzen, Schalotten darin glasig braten. Pinien- und Walnußkerne sowie Rosinen dazugeben, unter Wenden etwa 2 Min. anrösten. Baharat-Gewürz, Pfeffer und Salz darüber streuen, kurz mitbraten. Reis untermengen und 250 ml Wasser dazugießen. Den Reis zugedeckt etwa 12 Min. bei mittlerer Hitze garen. Backofen auf 200° vorheizen. Das Hähnchen innen und außen leicht mit Salz und Pfeffer einreiben. Den Reis in das Hähnchen füllen und die Öffnungen mit Küchengarn zunähen.

2 Restliches Ghee in einer Reine erhitzen, Hähnchen hineinsetzen, die Brühe dazugießen. Das Hähnchen offen im Ofen (Mitte; Umluft 180°) etwa 1 Std. garen, bis sich das Fleisch leicht von den Knochen löst und die Haut schön knusprig braun ist. Zwischendurch einmal wenden und gelegentlich mit der Bratflüssigkeit begießen.

Tip! Das Hähnchen vor dem Servieren in Portionsstücke schneiden, den Reis in die Mitte einer vorgewärmten Servierplatte geben, die Hähnchenteile drumherum anrichten. Mit frisch aufgebackenem Fladenbrot und Salat reichen.

Baharat-Gewürzmischung

Schon im 9. Jahrhundert waren die Handelsbeziehungen arabischer Völker mit Indien recht intensiv. Die Routen verliefen auf dem Landweg von der Mittelmeerküste über Persien nach Indien oder auf dem Seeweg über den Indischen Ozean. Zu den wichtigsten Handelsgütern zählten damals die Gewürze Indiens, die den Händlern große Profite einbrachten. Die Liebe zu stark gewürzten Gerichten, besonders auf der Arabischen Halbinsel und im Irak, basiert auf diesem frühen Handel. Die Baharat-Mixtur wird in den meisten Fleisch- und Fischgerichten reichlich verwendet. Jede Hausfrau, jeder Koch hat eine eigene, meist

Die Baharat-Mixtur enthält eine Fülle stark aromatischer Gewürze.

überlieferte Rezeptur, die streng gehütet wird. Eine Baharat-Gewürzmischung läßt sich nach folgendem Rezept leicht selber herstellen: je 4 TL gemahlener schwarzer Pfeffer, rosenscharfes Paprikapulver, je 2 TL gemahlener Koriander, Zimt-, Nelken-, und Muskatpulver, 1 TL Pimentpulver und 1/2 TL

Kardamompulver gut vermischen und in einem Glas luftdicht aufbewahren. Am intensivsten kommen die Aromen übrigens zur Entfaltung, wenn man die Gewürzkörner im Ganzen im Backofen bei 75° (Umluft 60°) kurz röstet und danach in einer Gewürzmühle fein zermahlt.

Huhn-Tajine mit Brottalern

Algerien · Für Gäste **Sferia**

Zutaten für 4 Portionen:
200 g getrocknete Kichererbsen
1 Brathähnchen (etwa 1,2 kg)
1 mittelgroße Zwiebel
1 Knoblauchzehe
2 EL Ghee (s. Glossar) oder
Butterschmalz · Salz
1¼ TL Zimtpulver · Pfeffer
250 g frisches Fladenbrot ohne Rinde
⅛ l Milch · 1 Ei · 1 Eigelb
100 g Käse, frisch gerieben
(z.B. Emmentaler)
1 EL Orangenblütenwasser (S. 133)
6 EL neutrales Pflanzenöl
3 EL gehackte Petersilie

Zubereitungszeit: 1¼ Std.
(+ 12 Std. Einweichen
+ 3 Std. Garen)

Pro Portion:
4200 kJ/1000 kcal

1 Die Kichererbsen über Nacht in reichlich Wasser einweichen. Abgießen, mit frischem Wasser bedeckt in 2–3 Std. nahezu gar kochen. Das Huhn waschen, das Fett an den Bauchlappen abschneiden. Huhn in 8 Portionsstücke teilen. Zwiebel schälen, Knoblauch häuten, beides klein würfeln. Ghee oder Schmalz in einem großen Bräter mittelstark erhitzen. Geflügel, Zwiebel und Knoblauch hineingeben, mit Salz, 1 TL Zimt und reichlich Pfeffer bestreuen und unter Wenden goldgelb anbraten. Kichererbsen aus dem Sud heben und hinzufügen. ½ l von dem Sud aufgießen. Huhn und Kichererbsen etwa 1 Std. bei schwacher Hitze garen, Huhn gelegentlich wenden.

2 Etwa 30 Min. vor Garzeitende das Brot klein würfeln und in eine Schüssel geben. Die Milch erwärmen, darüber träufeln. Das Brot 4–5 Min. einweichen,

ausdrücken, in eine andere Schüssel geben. Ei und Eigelb verquirlen und mit Käse, Orangenblütenwasser, ¼ TL Zimt und 1 Prise Salz hinzufügen, gründlich vermengen. Öl in einer Pfanne erhitzen. Aus je 1 knappen EL Brotmasse Bällchen formen, leicht flachdrücken und bei starker Hitze portionsweise im Öl von beiden Seiten in etwa 4 Min. goldbraun braten. Auf Küchenpapier entfetten. Petersilie unter Huhn und Kichererbsen rühren. Das Gericht abschmecken, auf einer Platte anrichten. Sauce etwa 5 Min. offen einkochen lassen und darüber gießen. Die Taler rundum oder auf einen Teller legen und servieren.

Variante: Wer eine Tajine-Form besitzt, gart bei Punkt 1 Huhn und Kichererbsen darin zugedeckt etwa 1 Std. im Backofen bei 180° (unten; Umluft 160°). Fortfahren wie beschrieben. Gericht in der Tajine-Form (Foto) servieren.

Huhn, Blumenkohl und Reis

Jordanien · Für Gäste **Maklube**

Zutaten für 6 Portionen:
1 Bund Suppengrün
1 Brathähnchen (etwa 1,2 kg),
küchenfertig vorbereitet · Salz
schwarzer Pfeffer, frisch gemahlen
1 mittelgroßer Blumenkohl
1–1¹/₂ l neutrales Pflanzenöl
400 g Rundkornreis (aus dem
türkischen Lebensmittelgeschäft)
1 TL Kurkuma (Gelbwurzpulver)
¹/₄ TL Kreuzkümmel (Kumin),
gemahlen
¹/₄ TL Muskatnuß, frisch gerieben
¹/₄ TL Koriander, gemahlen
je 1 Msp. Cayennepfeffer und
Kardamompulver

Zubereitungszeit: 1¹/₂ Std.

Pro Portion: 2700 kJ/640 kcal

1 Das Suppengrün waschen, putzen, alles in große Stücke schneiden. Das Hähnchen kalt abspülen, mit Suppengrün, Salz und etwas Pfeffer in einen großen Topf geben. Etwa 2 l kaltes Wasser angießen, bis das Hähnchen knapp bedeckt ist. Hähnchen bei mittlerer Hitze zugedeckt etwa 35 Min. garen, bis sich das Fleisch leicht von den Knochen löst.

2 Inzwischen den Blumenkohl in kleine Röschen teilen, waschen, das Wasser gut abtropfen lassen. Röschen und Strunk in Scheibchen schneiden.

3 Öl in einem Topf erhitzen, bis an einem hineingehaltenen Holzlöffelstiel Bläschen emporsteigen. Blumenkohlstücke darin portionsweise in 5–7 Min.

goldbraun fritieren, auf Küchenpapier entfetten. Hähnchenfleisch von den Knochen lösen, Fett und Haut entfernen. Das Fleisch in etwa 4 cm große Stücke schneiden. Das Suppengrün aus der Hühnerbrühe nehmen. Mit einem Löffel das Fett von der Brühe abschöpfen.

4 In einen großen Topf erst das Hähnchenfleisch, dann Blumenkohl und darauf den Reis geben. Die Gewürze darüber streuen. 800 ml Hühnerbrühe dazugeben und alles bei mittlerer Hitze zugedeckt etwa 20 Min. garen. Dann weitere 10 Min. offen bei schwacher Hitze ziehen lassen, bis alle Flüssigkeit verdampft ist. Das Gericht auf eine große vorgewärmte Platte stürzen und mit gemischtem Salat und Joghurt oder Sesamsauce (S. 90) servieren.

SÜSSE SPEISEN, GEBÄCK UND GETRÄNKE

Sie genießen einen legendären Ruf, die arabischen, orientalischen Süßigkeiten, reich an Nüssen und Mandeln, duftend nach Rosen- und Orangenblütenwasser. In ihrer Herstellung sind manche so kompliziert und aufwendig, daß man sie zu Hause selten selber macht, sondern fertig kauft. Und das war schon immer so. So gibt es Konditoren, die jeweils auf eine bestimmte Süßigkeit spezialisiert sind. Manche machen Halwa aus Sesam und weiteren Zutaten, andere stellen Baklawa her, die üppig mit Nüssen gefüllten, dünnen Teigblätter. Doch gibt es auch viele arabische Süßspeisen, die sich leicht selber herstellen lassen und ebenso köstlich schmecken, wie Grießkuchen, Dattelgebäck oder die relativ einfache Baklawa-Version aus dem Libanon, die Sie alle in diesem Kapitel finden. Anders als in Europa genießt man Süßigkeiten weniger als Dessert, sondern hauptsächlich als Leckerei zwischen den Mahlzeiten, so am Nachmittag oder am späteren Abend, oder auch wenn Besuch kommt. Die Honigwaben-Pfannkuchen aus Marokko werden zum Frühstück zubereitet. Die »Tochter des Tellers« aus dem Jemen steht als süße Abwechslung neben den herzhaften Gerichten einer Hauptmahlzeit. Als Süßigkeiten zum Tee oder zum Kaffee nicht zu vergessen: frische oder getrocknete Datteln,

Rosinen und Nüsse, die im kulinarischen Leben Arabiens einen hohen Stellenwert besitzen. Diese Energiespender nimmt man auch gerne mit auf die Reise. Im Ursprungsland des Kaffees, im Jemen, wird Mokka selten serviert, um so häufiger bei den arabischen Nachbarn und im Nahen Osten. Sie verfeinern das belebende, duftende Getränk mit verschiedenen Gewürzen und bringen viel Abwechslung in die Kaffeekultur. Der Jemen und vor allem Nordafrika geben dagegen dem Tee, Minze- und Schwarzem Tee den Vorzug. Ob Kaffee- oder Teetrinker – ihre brodelnde Wasserpfeife, die den Genuß vollständig macht, lieben beide gleichermaßen.

Brotauflauf

Ägypten · Gelingt leicht Um Ali

Zutaten für 4 Portionen,
für 4 feuerfeste Tonförmchen
von 14–15 cm Ø:
1 l frische Vollmilch · 75 g Zucker
150 g dünnes italienisches
Trockenbrot (s. Glossar)
Butter für die Formen
100 g Haselnußkerne, gehackt
2 EL Kokosraspel · 100 g Rosinen
¹/₂ TL Zimtpulver · 20 g Butter

Zubereitungszeit: 50 Min.
(+ 12 Std. Kühlen)
Pro Portion: 2600 kJ/620 kcal

1 Die Milch mit dem Zucker in einem Topf aufkochen (nicht anbrennen lassen!). Die Milch 3–4 Std. oder über Nacht abkühlen lassen, so daß sich eine Haut an der Oberfläche absetzen kann.

2 Backofen rechtzeitig auf 175° (Umluft 160°) vorheizen. Das Brot darin in 3–4 Min. knusprig und goldgelb backen. Die Förmchen dünn mit Butter einfetten. Das Brot in kleine Stücke brechen. Die Hälfte des Brotes auf die Förmchen verteilen.

3 Haselnußkerne, Kokosraspel, Rosinen und Zimt in einer Schüssel vermengen. Auf das Brot geben, restliches Brot darauf schichten. Milch darüber gießen und die Haut der Milch obenauf verteilen. Alles etwa 15 Min. ziehen lassen.

4 Die Butter in Flöckchen auf jede Portion geben und alles im vorgeheizten Ofen (Mitte) offen etwa 20 Min. backen, bis die Oberfläche goldbraun ist. Den Brotauflauf nach Geschmack warm oder lauwarm als Dessert oder Zwischenmahlzeit servieren.

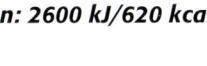

Honigwaben-Pfannkuchen

Marokko · Gelingt leicht Beghrir

Zutaten für 12 Pfannkuchen:
1 Würfel frische Hefe (42 g)
1 TL Zucker
500 g Mehl
Salz
¹/₄ l Milch · 1 Ei
4 EL Sonnenblumenöl
4 EL Ghee (s. Glossar) oder
Butterschmalz
125 g aromatischer Honig
(z.B. heller Blütenhonig)

Zubereitungszeit: 1 Std.
(+ 1 Std. Gehen lassen)

Pro Pfannkuchen: 1200 kJ/290 kcal

1 Die Hefe in einem Schüsselchen mit Zucker und 100 ml warmem Wasser glattrühren. Das Mehl mit 1 Msp. Salz in eine Schüssel sieben und eine Mulde eindrücken. Die Hefemischung hineingeben und mit etwas Mehl vom Rand verrühren.

2 Die Milch mit 200 ml warmem Wasser und dem Ei verquirlen, auf den Hefeansatz gießen. Alles nach und nach mit dem Mehl zu einem flüssigen Teig verrühren und etwa 5 Min. kräftig durchschlagen. Den Teig zugedeckt etwa 1 Std. an einem warmen Platz gehen lassen, zwischendurch einmal durchschlagen.

3 Öl in einer Tasse bereithalten. Eine Eisenpfanne mit etwas Öl einpinseln und bei mittlerer Hitze heiß werden lassen. 1 kleine Kelle Teig in die Mitte gießen und zu einem runden, dünnen Pfannkuchen verstreichen. Pfannkuchen nur von einer Seite in 3–4 Min. zart braun braten, bis die Oberfläche trocken ist und kleine Bläschen dem Pfannkuchen ein bienenwabenartiges Aussehen verleihen. Den Pfannkuchen auf eine große feuerfeste Platte legen und warm stellen.

4 Auf diese Weise alle Pfannkuchen backen, jedoch nicht aufeinander legen, sondern nur etwas überlappen lassen, da sie leicht zusammenkleben. Ghee oder Schmalz schmelzen. Bei Tisch die Pfannkuchen damit einpinseln, mit Honig beträufeln und zusammenrollen oder -klappen.

Info: Die Pfannkuchen werden in Marokko gerne zum Frühstück gegessen. Nach Geschmack beträufelt man sie noch mit einigen Tropfen Orangenblütenwasser.

Reismehl-Mandel-Pudding

Syrien · Geht schnell Muhallabiye

Zutaten für 4 Portionen:
50 g Reismehl
700 ml Milch
50 g Zucker
100 g geschälte, gemahlene Man-
deln (s. Info S. 126)
1 EL Rosenwasser (S. 133)
je 2–4 EL gehackte Pistazienkerne
und Granatapfelkerne zum
Garnieren, nach Geschmack

Zubereitungszeit: 30 Min.
(+ 2 Std. Kühlen)
Pro Portion: 1600 kJ/380 kcal

1 Das Reismehl in 100 ml kalter Milch glattrühren. Die restliche Milch mit dem Zucker unter ständigem Rühren zum Kochen bringen. Dann die Milch vom Herd nehmen und die Reismehl-Milch-Mischung klümpchenfrei in die heiße Milch rühren.

2 Milch wieder zum Kochen bringen und bei mittlerer Hitze offen unter ständigem Rühren etwa 5 Min. kochen. Dann die Mandeln und das Rosenwasser unterrühren und den Pudding vom Herd nehmen.

3 Das Dessert unter gelegentlichem Rühren leicht abkühlen lassen, dann in Portionsschüsselchen verteilen. Den Reismehl-Mandel-Pudding im Kühlschrank kalt stellen. Vor dem Servieren mit den gehackten Pistazien eine grüne Umrandung auf den Pudding streuen, die Granatapfelkerne in die Mitte geben.

Grießkuchen

Jordanien · Gelingt leicht Basbusa

Zutaten für 1 flache Kuchenform
von 28 cm Ø, für 20 Stücke:
300 g Zucker
4 EL Orangenblütenwasser (S. 133)
2 EL Zitronensaft
500 g Hartweizengrieß
150 g weiche Butter
1 Tütchen Backpulver
¹/₂ TL Zimtpulver · Salz
150 g säuerlicher Joghurt
(z.B. Bulgara-Joghurt), ohne Molke
25 g Pinienkerne

Zubereitungszeit: 40 Min.
(+ 1 Std. 10 Min. Backen)

Pro Stück: 750 kJ/180 kcal

1 Für den Sirup 400 ml Wasser mit dem Zucker aufkochen und unter Rühren bei mittlerer Hitze offen etwa 15 Min. leicht einkochen lassen. Dann vom Herd nehmen, Orangenblütenwasser und 1 EL Zitronensaft einrühren und den dünnflüssigen Sirup abkühlen lassen.

2 Backofen auf 175° vorheizen. Für den Kuchen den Grieß in eine Schüssel geben. Mit der Butter, dem Backpulver, Zimt, Salz und 1 EL Zitronensaft verkneten. Joghurt dazugeben und gut unterkneten, so daß ein geschmeidiger Teig entsteht.

3 Den Teig in die Form geben und glattstreichen. Mit einem spitzen Messer Rauten von 5 x 5 cm markieren, dabei nicht bis zum Formboden durch-

schneiden. In die Mitte jeder Raute 1 Pinienkern drücken. Den Kuchen im Backofen (Mitte; Umluft 160°) etwa 40 Min. backen.

4 Dann den Kuchen aus dem Ofen nehmen und die markierten Rauten nachschneiden, diesmal bis zum Formboden durchschneiden. Etwa 30 Min. weiterbacken, bis der Grießkuchen eine satte goldbraune Färbung bekommen hat.

5 Kuchen aus dem Ofen nehmen und sofort mit dem erkalteten Sirup tränken. Dabei die Flüssigkeit nach und nach über den Grießkuchen geben und einziehen lassen. Alles abkühlen lassen und in der Form servieren. Ein Täßchen Mokka (S. 134) und ein Glas Wasser dazu reichen.

Dattelgebäck

Makroudh

Zutaten für etwa 40 Stück:
400 g Mehl
je 1 Msp. Natron und Safranpulver
Salz · 100 g Butter
6 EL Orangenblütenwasser (S. 133)
750 g frische Datteln
abgeriebene Schale von
1 unbehandelten Orange
1 TL Zimtpulver
1 Msp. Pimentpulver
Mehl zum Arbeiten
1 Eiweiß · 250 g Zucker
250 g Honig
1–1¹⁄₂ l Pflanzenöl
50–100 g gehackte Mandeln

Zubereitungszeit: 1¹⁄₂ Std.
(+ 30 Min. Ruhen lassen)

Pro Stück: 720 kJ/170 kcal

1 Das Mehl mit Natron, Safran und 1 Prise Salz in eine Schüssel sieben. Die Butter erwärmen, schmelzen und hinzufügen. 4 EL Orangenblütenwasser mit 100 ml lauwarmem Wasser verrühren und dazugießen. Alles zuerst verrühren, dann zu einem glatten, elastischen Teig verkneten, in Klarsichtfolie einwickeln und etwa 30 Min. bei Zimmertemperatur ruhen lassen.

2 Die Datteln häuten, entsteinen, sehr fein hacken und in eine Schüssel geben. Orangenschale mit Zimt, Piment und 2 EL Orangenblütenwasser zu den Datteln geben und alles gut vermischen. Den Teig in 4 Stücke teilen. Jedes Stück auf einer bemehlten Arbeitsfläche etwa 20 x 30 cm groß ausrollen. In die Mitte als etwa 7 cm breiten Streifen längs jeweils ein Viertel der Füllung geben.

Eine Teigseite darüber klappen, mit etwas Eiweiß einpinseln, darauf die zweite Seite klappen und andrücken. Die Streifen schräg in etwa 5 cm breite Rhomben schneiden.

3 Dann ¹⁄₂ l Wasser mit Zucker etwa 5 Min. kräftig kochen, den Honig unterrühren und beiseite stellen. Öl in einer tiefen Pfanne erhitzen, bis an einem hineingehaltenen Holzstäbchen Bläschen emporsteigen. Die Temperatur herunterschalten und die Rhomben portionsweise bei mittlerer Hitze im Öl etwa 2 Min. fritieren (Vorsicht, Spritzgefahr!), dabei einmal wenden. Rhomben jeweils kurz auf Küchenpapier entfetten, in den Sirup tauchen, abtropfen lassen und auf einen Teller legen. Das Gebäck mit Mandeln bestreuen und servieren.

Datteln

Die Dattelpalme zählt zu den ältesten Kulturpflanzen der Erde. Sie wächst bis zu 25 m hoch zu Tausenden in den von Quell- und Brunnenwasser genährten Oasen am Rande der Wüste. Die Palme, so ein arabischer Dichter, will ihre Füße in den Fluten des Wassers, ihr Haupt aber im Feuer der Sonne baden. Der Baum ist eingeschlechtlich, die männlichen und weiblichen Blüten werden, damit die Bäume reiche Früchte tragen, von Menschenhand zusammengeführt. Ihre höchsten Erträge erbringt die Dattelpalme im Alter von rund 30 Jahren, etwa 80 kg ist dann der jährliche Durchschnitt zur Erntezeit im Oktober. An jedem der länglichen, rispenähnlichen Fruchtstände sitzen, wie zu Perlenschnüren aufgereiht,

Datteln werden mit der Hand geerntet.

bis zu 200 der köstlichen Früchte. Frische Datteln zeigen eine gelblich-rötliche Farbe, mit zunehmender Reife werden sie dunkelbraun. Sie sind reich an leicht verdaulichem Eiweiß und Zucker, an Mineralstoffen wie Eisen, Kalium, Kalzium, Magnesium und an Vitamin B_{12}. Daher wundert es nicht, daß Datteln früher zu den Grundnah-

rungsmitteln der Beduinen zählten. Daneben geben sie zahlreichen herzhaften Gerichten die honigfeine Note und sind als Näscherei und Füllung in süßem Gebäck begehrt. Datteln sind in Deutschland frisch und tiefgekühlt im Herbst zu kaufen, getrocknet gibt es sie das ganze Jahr über.

Gazellenhörner

Ka'b al-Ghazal

Zutaten für etwa 70 Stück:
Für den Teig:
500 g Mehl
Salz
200 g weiches Ghee (s. Glossar)
oder Butterschmalz
3 Eigelb
2 EL Orangenblütenwasser (S. 133)
Mehl für die Arbeitsfläche
1 Eiweiß
Für die Füllung:
500 g geschälte, gemahlene
Mandeln (s. Info)
200 g Puderzucker
1 Ei
4 EL Orangenblütenwasser (S. 133)
¹/₂ TL abgeriebene Schale von
1 unbehandelten Orange
¹/₂ TL Zimtpulver
außerdem: Puderzucker zum
Ausrollen
Butterschmalz für das Blech
4 EL Orangenblütenwasser
100 g Puderzucker

Zubereitungszeit: 1 Std.
(+30 Min. Ruhen lassen
+40 Min. Backen)

Pro Stück: 470 kJ/110 kcal

1 Für den Teig das Mehl mit 1 Prise Salz in eine Schüssel sieben. Ghee oder Schmalz hinzufügen. 2 Eigelbe mit 8 EL Wasser und Orangenblütenwasser verquirlen, dazugeben und alles zu einem glatten Teig verkneten. Den Teig in Klarsichtfolie einwickeln und bei Zimmertemperatur etwa 30 Min. ruhen lassen.

2 Für die Füllung Mandeln und Puderzucker in eine Schüssel geben. Das Ei mit 2 EL Orangenblütenwasser verquirlen, mit Orangenschale und Zimt ebenfalls in die Schüssel geben. Alles gründlich vermischen. Die Mandelpaste mit etwas Puderzucker zu einer Rolle formen. Diese halbieren und jede Hälfte in 35 Stücke teilen. Jedes Stück zu einer 4–5 cm langen Rolle formen und auf einem Teller bereithalten.

3 Den Backofen auf 200° vorheizen. Ein großes Blech mit Butterschmalz einfetten. Den Teig halbieren. Eine Hälfte bis zum Ausrollen in Folie wickeln. Die andere auf einer bemehlten Fläche sehr dünn ausrollen. Mit einem Glas von etwa 8 cm Durchmesser Kreise ausstechen. Auf jeden Kreis 1 Mandelröllchen in die Mitte legen. Den Kreisrand mit Eiweiß einpinseln. Teigkreise zu Halbmonden zusammenklappen. Die Ränder zusammendrücken.

4 Die Halbmonde so aufstellen, daß die Teigränder nach oben zeigen. Halbmonde zu Hörnchen krümmen, auf das Blech setzen. Auf diese Weise den übrigen Teig verarbeiten. Das restliche Eigelb mit 1 EL Wasser verquirlen und die Hörnchen damit einpinseln. Portionsweise im Backofen (Mitte; Umluft 180°) 15–20 Min. backen, kurz auf ein Backgitter legen.

5 In eine Tasse 4 EL Orangenblütenwasser gießen. Die warmen Hörnchen damit einpinseln, mit Puderzucker bestreuen, so daß sie dick damit bedeckt sind.

Info: Wenn Sie keine geschälten, gemahlenen Mandeln bekommen, müssen Sie die Mandeln mit kochendem Wasser übergießen, etwa 3 Min. darin ziehen lassen, abgießen, in einem Sieb abtropfen lassen. Dann von jeder Mandel die Spitze der Haut abknipsen und die Mandeln aus den Häutchen drücken. Geschälte Mandeln trocknen lassen, z.B. im Backofen bei 75° (Umluft 50°) und anschließend halbieren oder mahlen, je nach Rezept.

Tip! Die Gazellenhörner abgekühlt in eine Blechdose schichten. Sie halten sich an einem kühlen Platz bis zu 1. Monat

Gebäck mit Dattelfüllung

Irak · Gelingt leicht   Klaischa

Zutaten für etwa 12 Stück:
100 g Butter · 50 g Zucker
1 kleine Prise Salz
175 g Mehl
1¹/₂ EL Rosenwasser (S. 133)
Mehl zum Arbeiten
Für die Füllung:
150 g getrocknete Datteln
20 g Butter
2 EL Rosenwasser (S. 133)
außerdem: 1 arabischer Holzmodel
Backpapier

Zubereitungszeit: 45 Min.
(+ 30 Min. Ruhen lassen
+ 30 Min. Backen)
Pro Stück: 720 kJ/170 kcal

1 Die Butter schmelzen und abkühlen lassen. Anschließend in einer Schüssel mit Zucker, Salz, Mehl und Rosenwasser zu einem geschmeidigen Teig verkneten. Den Teig in Klarsichtfolie wickeln und im Kühlschrank etwa 30 Min. ruhen lassen. Die Datteln entkernen und sehr fein hacken. Die Butter in einer Pfanne erhitzen, Datteln dazugeben und unter Wenden bei mittlerer Hitze etwa 3 Min. braten. Rosenwasser unterrühren und die Datteln in 1–2 Min. zu einem sämigen Brei zerkochen. Dattelbrei abkühlen lassen. Backofen auf 175° vorheizen.

2 Den Teig in 12 Stücke teilen. Jedes Teigstück auf einer bemehlten Fläche zu einem Kreis von etwa 9 cm Durchmesser ausrollen. Einen Teil der Füllung in die Mitte geben, die Teigseiten zur Mitte hin darüber schlagen, so daß nun kleine runde Gebäckstücke entstehen. Die Nahtstellen gut andrücken. Teigstücke nacheinander mit den Nahtstellen nach unten in den mit Wasser leicht angefeuchteten Holzmodel drücken und auf ein mit Backpapier ausgelegtes Blech aus dem Model klopfen. Im Ofen (Mitte; Umluft 160°) in 25–30 Min. goldgelb backen, auf einem Gitter auskühlen lassen.

Info: Wenn Sie den typischen Holzmodel nicht im arabischen Lebensmittelgeschäft bekommen, teilen Sie den Teig in 16 Stücke und formen diese zu Kugeln. Mulden eindrücken, mit der Dattelpaste füllen, gut verschließen. Die Gebäckstücke mit den Nahtstellen nach unten auf das Backblech setzen, leicht flachdrücken und mit dem Gabelrücken kreuzweise ein Muster aufdrücken.

»Tochter des Tellers«

Jemen · Für Gäste **Bint al-Sahin**

Zutaten für 6 Portionen,
für 1 flache feuerfeste Form
oder 1 Blech von 30 cm Ø:
400 g Mehl
Salz · ½ Würfel Hefe (etwa 20 g)
11 EL Ghee (s. Glossar)
2 Eier
Mehl zum Arbeiten
2 EL verquirltes Ei
1 gehäufter TL schwarzer Kümmel
(s. Glossar)
125 g Blütenhonig

Zubereitungszeit: 45 Min.
(+ 1½ Std. Gehen lassen)

Pro Portion: 2500 kJ/600 kcal

1 Mehl mit 1½ TL Salz in eine Schüssel sieben. Hefe in 125 ml warmem Wasser glattrühren. 5 EL Ghee in einem Töpfchen leicht erwärmen und schmelzen. In einer zweiten Schüssel die Eier verquirlen. Die Hälfte vom Mehl und das Hefewasser unterrühren. Ghee darüber träufeln und unterrühren. Das restliche Mehl darüber streuen, mit den Händen unterarbeiten und durchkneten. Mindestens 5 Min. auf der leicht bemehlten Arbeitsfläche den Teig kneten, bis er glatt und elastisch ist. Zugedeckt an einem warmen Ort etwa 30 Min. gehen lassen.

2 Den Teig durchkneten, zu einer Rolle formen. Diese in 10 gleich große Stücke teilen, zu Bällchen formen. 5 EL Ghee erwärmen und schmelzen, die Form etwas einfetten. Das erste Bällchen in Formgröße dünn ausrollen und in die Form legen. Die Oberfläche großzügig mit etwas Ghee einpinseln. Das nächste Bällchen dünn ausrollen, in die Form schichten und mit Ghee einpinseln. So fortfahren. Die letzte Lage mit dem verquirlten Ei einpinseln, mit schwarzem Kümmel bestreuen. Das restliche Ghee darüber träufeln. Die Teigblätter mit Klarsichtfolie abdecken und etwa 1 Std. gehen lassen.

3 Den Backofen rechtzeitig auf 250° (Umluft 220°) vorheizen. Die Teigblätter im Ofen bei 220° (Mitte; Umluft 200°) etwa 15 Min. backen, bis sich die Oberfläche goldgelb färbt. 1 EL Ghee erwärmen, auf die heißen Blätter träufeln. 1 EL Honig in feinem Strahl darüber laufen lassen. Restlichen Honig extra dazu servieren.

Baklawa

Libanon · Für Gäste   **Fillo-Teig mit Nußfüllung**

Zutaten für 1 runde feuerfeste Form
oder 1 Blech von 28 cm Ø,
für 8 Portionen:
Für Teig und Füllung:
1 Paket (500 g) Fillo-Teigblätter
(vom griechischen
Lebensmittelhändler)
5 EL Ghee (s. Glossar) oder
Butterschmalz
1 TL Speisestärke
2 Eiweiß · 100 g Zucker
200 g gehackte Walnüsse
200 g geschälte, gehackte Mandeln
(s. Info S. 126)
1 EL Rosenwasser (S. 133)
25 g gehackte Pistazien
Für den Sirup:
250 g Zucker
1 EL Zitronensaft
je 1 EL Orangenblütenwasser und
Rosenwasser (S. 133)

Zubereitungszeit: 1 Std.
(+ 40 Min. Backen)

Pro Portion: 3400 kJ/810 kcal

1 Den Teig auf der Arbeitsfläche aus-einanderfalten, mit einem trockenen Küchentuch bedecken. Ein zweites Tuch in warmes Wasser tauchen, gut aus-wringen und auf das trockene legen. Etwa 10 Min. ruhen lassen. Ghee oder Schmalz schmelzen. Die Arbeitsfläche neben dem Stapel Fillo-Teigblätter leicht mit Speisestärke einreiben.

2 Das erste Fillo-Teigblatt vorsichtig von dem Stapel Teigblätter auf die Seite ziehen, leicht mit Ghee oder Schmalz einpinseln. Das zweite Teigblatt vor-sichtig auf das erste ziehen, ebenso einpinseln und bis zum letzten Blatt alle übrigen. Das letzte soll uneingefet-tet bleiben.

3 Mit einem scharfen, langen Messer den Stapel Teigblätter in Quadrate von 7–8 cm Kantenlänge schneiden. Alle Quadrate bis zur Verwendung mit ei-nem trockenen Tuch bedecken. Die Form einfetten. Den Backofen auf 175° vorheizen.

4 Die Eiweiße zu geschmeidigem Schnee schlagen, dabei den Zucker nach und nach hinzufügen. Walnüsse, Mandeln und 1 EL Rosenwasser unter-mischen.

5 In die Mitte jedes Quadrates 1 ge-häuften EL von der Füllung geben. Die

vier Ecken wie zu einem Körbchen darüber zusammenfassen, leicht auf die Füllung drücken und in die Form oder auf das Blech setzen.

6 Auf diese Weise alle Quadrate füllen, dicht nebeneinander in die Form oder auf das Blech setzen. Im Backofen (Mitte; Umluft 160°) etwa 30 Min. bak-ken. Dann die Hitze auf 200° (Umluft 180°) erhöhen, in noch etwa 10 Min. hellbraun backen.

7 Inzwischen für den Sirup Zucker mit $^3/_8$ l Wasser etwa 10 Min. stark kochen. Zitronensaft durch ein Sieb dazugießen, Orangenblütenwasser unterrühren und etwa 5 Min. weiterkochen. Rosenwas-ser unterrühren. Den Sirup kalt werden lassen, über das heiße Gebäck träufeln. Nach dem Abkühlen in die Mitte jedes »Körbchens« Pistazien streuen.

Info: Wenn Ihnen der für das Gebäck gekochte Sirup zu dünnflüssig er-scheint, wundern Sie sich bitte nicht. Er muß so sein, damit sich das Gebäck damit vollsaugen kann. Auf diese Weise werden viele orientalische Süßigkeiten gesüßt. Ohne diesen Sirup würden sie trocken und langweilig schmecken. Damit das Tränken gut gelingt, halten Sie sich bitte an die Faustregel: kalten Sirup auf das heiße Gebäck träufeln.

Hefebällchen mit Safransirup

VAE · Braucht etwas Zeit Ghemath

Zutaten für 25 Hefebällchen:
Für den Teig:
4 Kardamomkapseln
3 große Eier
30 g Zucker
1 Döschen Safranpulver (0,1 g)
50 ml lauwarme Milch
¼ Würfel frische Hefe (etwa 10 g)
300 g Mehl
Für den Sirup:
300 g Zucker
4 Kardamomkapseln
1 Döschen Safranpulver (0,1 g)
50 ml Rosenwasser (S. 133)
1–1½ l neutrales Pflanzenöl

Zubereitungszeit: 1 Std.
(+ 12 Std. Gehen lassen)

Pro Bällchen: 600 kJ/140 kcal

1 Kardamomkapseln zerdrücken, die Körner im Mörser zu feinem Pulver zerstoßen. Eier mit Kardamompulver, Zucker, Safran, Milch und Hefe mit dem elektrischen Handrührer in einer großen (!) Schüssel schaumig schlagen. Mehl und 30 ml Wasser mit dem Knethaken des Handrührers nach und nach einrühren, bis der Teig elastisch und schwer reißend ist. Schüssel mit Klarsichtfolie abdecken und den Teig über Nacht im Kühlschrank um das Dreifache aufgehen lassen.

2 Für den Sirup 500 ml Wasser mit dem Zucker aufkochen. Kardamomkapseln zerdrücken, die schwarzen Körner im Mörser zu feinem Pulver zerstoßen. Mit dem Safran zum Sirup geben. Die Flüssigkeit offen bei mittlerer Hitze in etwa 15 Min. etwas einkochen lassen. Dann Rosenwasser dazugeben und den Sirup vom Herd nehmen, abkühlen lassen.

3 Den Hefeteig mit den Knethaken des Handrührers kräftig verrühren. Das Öl in einem hohen Topf erhitzen, bis an einem hineingehaltenen Holzlöffelstiel Bläschen emporsteigen. Temperatur auf mittlere Hitze herunterschalten.

4 Mit 2 Eßlöffeln nach und nach Bällchen vom Teig abstechen. Dafür die Eßlöffel immer vorher in kaltes Wasser tauchen. Die Bällchen portionsweise vorsichtig ins Öl gleiten lassen und darin in 5–7 Min. goldbraun ausbacken, dabei hin und wieder wenden. Fertige Hefebällchen kurz auf Küchenpapier entfetten. Dann sofort in den kalten Sirup tauchen und kurz darin ziehen lassen. Auf einen Teller setzen und alle zusammen leicht abgekühlt servieren.

Orangenblüten- und Rosenwasser

Rosenwasser, aber auch das lieblich duftende Orangenblütenwasser werden in der arabischen Küche zum Parfümieren vorwiegend süßer, aber auch herzhafter Speisen verwendet. Die Essenzen sind eigentlich nur Nebenprodukte, die bei der Gewinnung ätherischer Öle durch Wasserdampfdestillation gewonnen werden. Diese wäßrigen Lösungen, Hydrolate genannt, sind schwächer als die ätherischen Öle, enthalten aber dieselben Wirkstoffe und duften und schmecken recht intensiv. Für 1 kg Rosenöl werden 3000 kg Damaszener Rosenblüten benötigt, die in der Türkei, Marokko und Bulgarien kurz

Die beiden Essenzen bekommt man in Apotheken und Naturkostläden.

vor Sonnenaufgang gepflückt werden, wenn sie ihren Duft am stärksten entfalten. Orangenblütenwasser wird hauptsächlich in Sizilien destilliert, aber auch im Libanon und in Griechenland. Die Wasser sollten möglichst nicht mehr aufgekocht werden, damit man die

Duftstoffe nicht zerstört. Rosen- und Orangenblütenwasser werden auch synthetisch hergestellt, doch nur die Naturprodukte besitzen auch heilende Wirkung und werden in Marokko z. B. gegen Migräne und Magenbeschwerden eingesetzt.

Mokka

Syrien · Gelingt leicht **Kahwa Turkiye**

Zutaten für 4 kleine Mokkatäßchen:
4 Kardamomkapseln
2–4 TL Zucker nach Geschmack
4 leicht gehäufte TL Mokka-Kaffee, fein gemahlen

Zubereitungszeit: 15 Min.

Pro Tasse: 84 kJ/20 kcal

1 Die Kardamomkapseln zerdrücken, die schwarzen Körner herauslösen. Die Körner im Mörser zu feinem Pulver zerstoßen. 200 ml Wasser mit dem Zucker in ein Stielkännchen geben, Kardamompulver und Kaffee einrühren.

2 Den Mokka bei mittlerer Hitze zum Kochen bringen. Wenn der Mokka hochsteigt, das geht recht schnell, das Kännchen von der Herdplatte nehmen und kurz stehenlassen, bis der Mokka sich wieder gesetzt hat.

3 Auf diese Art den Mokka noch zweimal aufkochen lassen, dann nochmals kurz stehenlassen. Den Mokka vorsichtig in die Täßchen gießen, ohne daß zuviel Kaffeesatz mit hineingerät, und sofort servieren.

Info: Stielkännchen bekommen Sie beim griechischen oder türkischen Lebensmittelhändler. Die Kännchen verengen sich nach oben, so kann der Mokka gut hochsteigen.

Tee mit frischer Minze

Marokko · Für Gäste **Schai Na'na'**

Zutaten für 6 Portionen:
3 TL grüner chinesischer Tee
etwa ³/₄ l kochendes (stilles Mineral-)Wasser
12 Zuckerwürfel
1 Bund frische Minze

Zubereitungszeit: 20 Min.

Pro Portion: 130 kJ/31 kcal

1 Den Tee in eine kleine Teekanne geben. Dann ¼ l kochendes (Mineral-)Wasser dazugießen und schnell wieder abschütten, um den Teestaub zu entfernen.

2 Den Zucker in die Kanne geben, diese mit dem restlichen kochenden (Mineral-)Wasser nahezu füllen. Die Kanne 1 Min. auf ein Stövchen setzen und die Teeblätter quellen lassen.

3 Die frische Minze abbrausen und einschließlich der Stiele in die Kanne geben. Kanne etwa 2 Min. auf das Stövchen setzen und den Tee ziehen lassen.

4 Ein Glas Tee eingießen, dabei die Kanne hoch halten, damit der lange dünne Strahl mit Luft in Berührung kommt und sich das Aroma des Tees richtig entwickelt. Den Tee zurück in die Kanne schütten. Den Vorgang noch ein- bis zweimal wiederholen.

5 Kleine Gläser halbvoll mit dem Tee füllen und servieren. Nach Belieben noch je 1–2 Minzeblätter in die Gläser geben.

Variante: Schwarzer Tee mit Minze (Shai Na'na')
Für die Variante aus Ägypten für 8 kleine Teegläser 600 ml (stilles Mineral-)Wasser in einer Stielkasserole aufkochen. 4 schwach gehäufte TL feinblättrigen schwarzen Tee (aus dem türkischen Lebensmittelgeschäft) und ¼ Bund frische Minze hinzufügen. Tee einmal aufkochen, vom Herd nehmen. Zugedeckt 3–4 Min. ziehen lassen, durch ein feines Sieb in die Gläser geben. Nach Geschmack mit Zucker süßen.

Info: Der süße Tee wird zu jeder Gelegenheit und überall getrunken, vor allem am Ende eines Essens. Er entspannt und vertreibt Schläfrigkeit.

Granatapfelsaft

Libanon · Geht schnell

Scharab Rumman

Zutaten für 4 Gläser:
4 große Granatäpfel
4 EL Zitronensaft
4 TL Puderzucker
4 TL Orangenblütenwasser (S. 133)
außerdem: Eiswürfel

Zubereitungszeit: 15 Min.
Pro Glas: 280 kJ/67 kcal

1 Die Granatäpfel halbieren und den Saft auf einer Zitruspresse wie Orangen auspressen. Saft durch ein Sieb in eine Kanne gießen.

2 Zitronensaft und Puderzucker mit dem Schneebesen gründlich untermischen.

3 In jedes Glas 2–3 Eiswürfel geben. Den Saft darüber gießen, das Orangenblütenwasser darauf träufeln und das Getränk sofort servieren.

Tip! Statt Eiswürfel kann für diese fruchtige Erfrischung auch Eiswasser verwendet werden.

Gewürztee

Oman · Gelingt leicht

Schai Baharat

Zutaten für 4 Gläser:
1 l (stilles Mineral-)Wasser
4 gehäufte TL Zucker
1 TL Ingwerpulver
je 3 Gewürznelken und Kardamomkapseln
1 Stückchen Zimtrinde

Zubereitungszeit: 10 Min.
(+ 30 Min. Kochen)
Pro Glas: 92 kJ/22 kcal

1 Wasser und Zucker in einen Topf geben und aufkochen. Die Gewürze hinzufügen und das Getränk bei schwacher Hitze 20–30 Min. zugedeckt kochen lassen. Dann durch ein Sieb in bereitgestellte Gläser gießen und servieren.

Info: Heiße aromatische Getränke auf der Basis von Gewürzen werden in Arabien sehr gerne getrunken. Am liebsten genießt man sie nach einem reichlichen Mahl oder am Abend.

Tips! Der Gewürztee wirkt anregend, wenn man ihm 1 TL grünen oder schwarzen Tee beigibt. Statt mit Wasser kann das Getränk auch mit Milch zubereitet und zusätzlich mit 1 Prise geriebenem Muskat gewürzt werden.

Hibiskusgetränk

Ägypten · Gut vorzubereiten

Karkadeh

Zutaten für 1 l, für etwa 6 Gläser:
20 g dunkelrote getrocknete Hibiskusblüten aus Ägypten oder dem Sudan (s. Tip!)
75 g Zucker

Zubereitungszeit: 15 Min.
(+ 4 Std. Ruhen)

Pro Glas: 210 kJ/50 kcal

1 Die Hibiskusblüten in 1 l kaltes Wasser einrühren und mindestens 4 Std. zugedeckt ziehen lassen.

2 Den Zucker in einen Topf geben, 50 ml Wasser dazugeben und so lange kochen, bis sich der Zucker ganz aufgelöst hat. Vom Herd nehmen und abkühlen lassen. Das Hibiskusgetränk durch ein feines Sieb in einen Saftkrug gießen, Zuckersirup einrühren. Das Getränk gut gekühlt servieren.

Tip! Wer die Hibiskusblüten nicht im ägyptischen Lebensmittelgeschäft bekommt, kann sie im Reformhaus als Malvatee bekommen. Die als Karkadeh bezeichnete Teebeutel-Mischung ist mit allerlei Aromen aufbereitet und entspricht nicht dem originalen Karkadeh.

Typische Menüzusammenstellungen

Traditionell kommt der arabische Haushalt mit wenigen Einrichtungsgegenständen aus. So wird zum Essen entweder eine große Platte auf ein niedriges Holzgestell gelegt oder ein großes Tuch auf dem Boden ausgebreitet und die Gerichte darauf gestellt. Alle, die an der Mahlzeit teilnehmen, sitzen auf kleinen Polstern darum herum auf dem Boden. Nur in den Hotels der Touristenzentren in den Städten und in modernen Haushalten, wird auch an Eßtischen mit Stühlen gegessen. In stark islamisch geprägten Ländern essen die Männer für sich allein, danach erst die Kinder und Frauen in ihrem Bereich oder in der Küche. Vor der Mahlzeit wäscht man sich die Hände, wie es der Koran verlangt. Denn das einzige Besteck ist meist nur ein Löffel für die Suppe, alles andere wird mit den Fingern der rechten Hand gegessen, die linke gilt als unrein. Alle nehmen sich direkt aus den bereitgestellten Schüsseln und von den Platten. Drei Finger oder auch ein Stückchen Brot dienen dabei als kleine Schaufel, die man geschickt zum Mund führt.

Das Frühstück fällt in den arabischen Ländern allgemein recht einfach aus – es gibt frisches Fladenbrot mit Honig, etwas Käse, hartgekochte Eier, Oliven und Tomaten. In Marokko sind außerdem Honigwaben-Pfannkuchen (S. 121) sehr beliebt. In den Garküchen der Marktviertel dampfen hier aber auch schon frühmorgens die Suppentöpfe, an denen sich die Lastenträger und Verkäufer stärken. In den Städten des Nahen Ostens, vor allem in Ägypten, besorgt man sich bereits am Vormittag vorgekochte braune Bohnen, Foul (S. 80), an mobilen Straßenständen. Im Laufe des Tages erweitert sich hier das Angebot um Nudeln mit Linsen, Reis und Tomatensauce und andere Gerichte, die gekauft und zu Hause mit frischen Zutaten wie Tomaten, Zwiebeln, Petersilie und Gurken angerichtet werden. In den heißen Ländern begnügt man sich mittags mit einer einfachen Mahlzeit, die

aus Resten vom Vorabend, einer Suppe oder einer Eierspeise bestehen kann. Die Hauptmahlzeit fällt dann auf den Abend, wenn die ganze Familie zusammenkommt. In den Ländern des Nahen Ostens, in Syrien, im Libanon, in Jordanien werden, je nach Anlaß, einige oder viele Vorspeisen serviert, oft gleichzeitig mit den warmen Hauptspeisen. Selten fehlen frisches Gemüse, in Stücke geschnitten, und Salat. Auch Joghurt, der pur oder mit Gurken- und Tomatenstückchen, mit zerdrücktem Knoblauch oder Sesampaste verrührt zu Fleisch-, Geflügel- und Gemüsegerichten gegessen wird. Eine große Auswahl an Früchten der Jahreszeit, Mokka oder Tee bilden den Abschluß. Am Freitag, dem »Sonntag« des Islam, fällt die Hauptmahlzeit des Tages besonders üppig aus. Vorher treffen sich die Gläubigen zum Gebet und zur Predigt in der Moschee. In großen Familien sind, von der Großmutter bis zur Enkeltochter, alle Frauen gemeinsam mit der Küchenarbeit beschäftigt, Nachbarinnen helfen sich gegenseitig, um die verlockendsten Menüs zu zaubern.

In den arabischen Haushalten der Golfstaaten übernehmen vorwiegend philippinische und indische Einwanderer die Hausarbeit und beeinflussen die arabischen Speisen mit ihren Gewürzen. Doch behält auch hier die Hausfrau die Oberhand in der Küche.

Zutaten oder Desserts, die Sie nicht im Buch finden, aber ganz leicht zu besorgen sind, sind mit einem * versehen.

Einfache Menüs für jeden Tag
Spinatsuppe 50
Möhrenpüree 35
Hackfleisch-Spieße 112
Frisches Obst nach Jahreszeit*

Lamm-Brot-Suppe 46
Zucchini mit Chermoula 74
Huhn, Blumenkohl und Reis 117
Frisches Obst nach Jahreszeit*

Menüs, die sich gut vorbereiten lassen
Rote-Bete-Kartoffelsalat 28
Joghurtkugeln in Olivenöl 30
Kalbsragout mit Okra 113
Frisches Obst nach Jahreszeit*
Tee mit frischer Minze 134

Nudelsuppe mit Gemüse 45
Kartoffelomelett 54
Fisch mit Chermoula 91
Gebäck mit Dattelfüllung 128

Schnelle Menüs
Walnuß-Paprika-Paste 32
Fritierte Eier mit Gewürzen 54
Reis mit Zwiebeln 57
Hackfleisch-Spieße 112
Frisches Obst nach Jahreszeit*
Mokka 134

Brotsalat 41
Kartoffelomelett 54
Teigtaschen mit Thunfisch 68
Tee mit frischer Minze 134
Frische oder getrocknete Datteln und Feigen*

Vegetarische Menüs
Walnuß-Paprika-Paste 32
Gemüsepüree 35
Reis-Linsen-Nudel-Gericht 58
Brotauflauf 121

Nudelsuppe mit Gemüse 45
Möhrenpüree 35
Zucchini mit Chermoula 74
Hefebällchen mit Safransirup 132
Frisches Obst nach Jahreszeit*
Mokka 134

Menü mit Fleisch
Lamm-Brot-Suppe 46
Teigtaschen mit Hackfleisch 70
Huhn, Blumenkohl und Reis 117
Frisches Obst nach Jahreszeit*
Schwarzer Tee mit Minze (Variante) 134

Menü mit Fisch

Fischsuppe 44
Fischkroketten 93
Fisch mit würziger Sauce 87
Dattelgebäck 124
Mokka 134

Freitags-Menüs

Brotsalat 41
Gefüllte Kartoffelküchlein 77
Gefülltes Hähnchen 114
Grießkuchen 122

Suppe mit Nudeln 46
Gefüllte Auberginen 78
Süßer gewürzter Reis 61
Baklawa 130

Menü für die heiße Jahreszeit

Brotsalat 41
Joghurtkugeln in Olivenöl 30
Gurken-Joghurt-Kaltschale 36
Gefüllte Weinblätter 110
Frisches Obst nach Jahreszeit*

Menü für die kühle Jahreszeit

Fischsuppe 44
Bulgur-Kräuter-Salat 33
Lammbrust mit Couscous 104
Reismehl-Mandel-Pudding 122

Festtagsmenüs

Ramadansuppe 48
Huhnpastete mit Mandeln 66
Lamm-Couscous mit Gemüse 109
Tee mit frischer Minze 134
Gazellenhörner 126

Gemüsepüree 35
Möhrenpüree 35
Huhn-Tajine mit Brottalern 116
Schwarzer Tee mit Minze (Variante) 134
Gebäck mit Dattelfüllung 128

Brunch

(für 8–10 Personen)
Honigwaben-Pfannkuchen 121
Brotauflauf 121
Aufgeplusterte Fladenbrote 64
Kichererbsen-Sesam-Paste 36

Foul 80
Gebratene Thymianbrötchen 65
Kartoffelomelett 54
Joghurtkugeln in Olivenöl 30
Gemüsepüree 35
Lammleber mit Minze 107
Fischkroketten 93
Fritierte Eier mit Gewürzen 54
Granatapfelsaft 137
Schwarzer Tee mit Minze (Variante) 134
Tee mit frischer Minze 134

Regionale Menüs

Syrien, Libanon, Jordanien

Mezze-Tafel mit kleinen kalten und warmen Gerichten

(für 6–8 Personen)
Walnuß-Paprika-Paste 32
Bulgur-Kräuter-Salat 33
Kichererbsen-Sesam-Paste 36
Brotsalat 41
Auberginenpüree 38
Lammleber mit Minze 107
Aufgeplusterte Fladenbrote 64

Großes Buffet

(für rund 20 Personen)
Gefüllte Weinblätter 110
Fisch in Sesamsauce 90
Foul 80
Teigtaschen mit Hackfleisch 70
Brotsalat 41
Walnuß-Paprika-Paste 32
Auberginenpüree 38
Bulgur-Fleisch-Klößchen 100
Aufgeplusterte Fladenbrote 64
Gebäck mit Dattelfüllung 128
Baklawa 130
Mokka 134

Syrien, Ägypten, Palästina

Falafel-Buffet

(für 6–8 Personen)
Falafel 83
Bohnenbällchen 83
Fladenbrot, fertiggekauft und auf-gebacken*

milchsauer eingelegtes Gemüse
(Tursu), fertig gekauft*
Sesamsauce 90
Walnuß-Paprika-Paste 32
Brotsalat 41

Marokko, Algerien, Tunesien

Gemüsepüree 35
Möhrenpüree 35
Lamm-Couscous mit Gemüse 109
Tee mit frischer Minze 134
Dattelgebäck 124

Golfstaaten

Gurken-Joghurt-Kaltschale 36
Fisch-Curry 88
Lamm mit Baharat-Gewürz 103
Safran-Mandelreis 60
Hefebällchen mit Safransirup 132
Mokka 134

Jemen

Hirsefladen mit Joghurtsauce 62
Fisch mit würziger Sauce 87
Selta 50
»Tochter des Tellers« 129

Einladung zu Tee und nordafrika-nischen Süßigkeiten

Tee mit frischer Minze oder schwarzer
Tee mit Minze (Variante) 134
Gazellenhörner 126
Gebäck mit Dattelfüllung 128
Honigwaben-Pfannkuchen 121
frische oder getrocknete Datteln, Feigen,
Rosinen, Nüsse*

Einladung zu Mokka und den Süßigkeiten des Nahen Ostens

Mokka 134
Grießkuchen 122
Baklawa 130
Hefebällchen mit Safransirup 132
Dattelgebäck 124

Glossar

Ackerbohnen: → Foul-Bohnen.

Baharat-Gewürz: S. 114.

Basmatireis: Besonders feiner, langkörniger weißer Reis mit zartem Duft. Im indischen oder asiatischen Lebensmittelhandel erhältlich.

Bockshornkleesamen-Pulver: Im Reformhaus oder asiatischen Lebensmittelhandel zu kaufen. Das Pulver aus den gemahlenen Samenkörnern riecht stark nach Fleischbrühe und schmeckt würzig, ein wenig bitter.

Bulgur (arab. Burghul): vorgekochter, getrockneter und zerstoßener Weizen mit nussigem Geschmack. Er wird fein oder grob angeboten und ist unverzichtbarer Bestandteil vieler Gerichte aus dem Vorderen Orient wie z.B. Tabouleh. Er kann auch gekocht oder gedämpft als Beilage serviert werden. Man bekommt ihn im türkischen und arabischen Lebensmittelhandel oder im Naturkostladen.

Chermoula: Gewürzmischung aus Nordafrika. Die klassische Variante besteht aus Zwiebeln, Knoblauch, Petersilie, grünem Koriander, Salz, Pfeffer, Paprikapulver und Safran. Besonders in der marokkanischen Küche sehr häufig verwendet, gibt Chermoula einer Vielzahl von Gerichten das unverwechselbare, würzige Aroma.

Couscousgrieß: Fein, mittelfein oder grob gemahlener Hartweizengrieß, in Mehl gewendet und zu winzigen Kügelchen geformt, ist die Grundlage für Couscous, das Nationalgericht Nordafrikas. In den Lebensmittelabteilungen großer Supermärkte, im türkischen oder arabischen Lebensmittelhandel sowie im Reformhaus als »Couscous halb vorbereitet« zu bekommen.

Couscoussier: zweiteiliger Topf. In der unteren Etage garen Fleisch oder Fisch und/oder Gemüse in Flüssigkeit, im Siebaufsatz darüber Couscousgrieß.

Datteln: S. 125.

Dicke Bohnen, getrocknet: Im türkischen Lebensmittelhandel als »Kuru bakla« erhältlich. Die ausgereiften Bohnenkerne sind von ihren dicken braunen Schalen befreit, getrocknet und halbiert. Die Bohnen müssen vor Gebrauch gut verlesen werden, um fremdes Saatgut zu entfernen. Die dicken Bohnen sind unersetzbarer Bestandteil der ägyptischen Bohnenbällchen.

Eingelegte Weinblätter: Die olivgrünen Blätter sind schichtweise in Salzlake eingelegt und sollten vor Verwendung klar abgespült werden. Mit Reis oder Fleisch gefüllt werden sie zu Röllchen verarbeitet. Im türkischen oder griechischen Lebensmittelgeschäft zu kaufen.

Eingelegte Zitronen: S. 41. Im Handel schwer erhältlich. Man legt sie am besten selbst ein oder bringt sie aus einem Marokko-Urlaub mit. Als Ersatz sind frische Zitronen ungeeignet. An einem kühlen Ort aufbewahrt halten sie 1–2 Jahre.

Fillo-Teigblätter: fertige, hauchdünne Teigblätter, etwa 50 x 50 cm groß, für blättriges Gebäck und Pasteten. Bis zu 13 Teigblätter sind in Folie eingeschweißt und entweder tiefgefroren oder frisch im griechischen Lebensmittelhandel zu kaufen.

Fladenbrot: In arabischen, manchmal auch türkischen Lebensmittelgeschäften wird das kleine (etwa 100 g schwere) dünne, helle arabische Fladenbrot (arab. Khubz) meist abgepackt angeboten. Kurz im heißen Backofen aufbacken.

Foul: S. 81.

Foul-Bohnen: Man bekommt die braunen Bohnen selbst in gut sortierten arabischen Lebensmittelgeschäften oft nur servierbereit in der Dose. Ein guter Ersatz sind die etwas helleren Acker- oder Saubohnen, die es in Deutschland in Sämereien gibt. Sie stammen aus der gleichen Familie wie die Foul-Bohnen. Beim Einkauf müssen Sie darauf achten, daß diese Bohnen nicht chemisch behandelt sind!

Gelbwurz: → Kurkuma.

Geschälte rote Linsen: Im türkischen, arabischen oder asiatischen Lebensmittelhandel erhältlich. Die Linsen besitzen einen milden, würzig-nussigen Geschmack und brauchen erheblich kürzere Garzeit als ungeschälte Linsen.

Getrocknete Zitronen: S. 88.

Ghee: Reines ausgelassenes Butterfett, das gerne und häufig zum Braten und Kochen verwendet wird. Ghee ist im Kühlschrank fast unbeschränkt haltbar und wird bei Raumtemperatur weich bis flüssig. Das Fett gibt den Gerichten ein nussiges, leicht säuerliches Aroma. Ghee ist in Dosen in indischen oder arabischen Lebensmittelgeschäften zu erhalten. Beim Einkauf darauf achten, daß es aus Butter und nicht aus Ölsamen hergestellt ist.

Granatapfel: S. 39. Granatäpfel bekommt man hauptsächlich in den Wintermonaten in türkischen und griechischen Lebensmittelgeschäften, aber auch in den Obstabteilungen gut sortierter Supermärkte.

Harissa: S. 49. In Tuben oder Dosen ist Harissa in türkischen und arabischen Lebensmittelgeschäften sowie in den Lebensmittelabteilungen großer Kaufhäuser erhältlich.

Hibiskusblütentee: → Karkadeh.

Hirsemehl: Im Reformhaus erhältlich. Besser noch mahlt man sich die Körner der Hirserispen, die man auch im Reformhaus bekommt, direkt vor der Verwendung in der Getreidemühle.

Ingwer, getrocknet: Die Wurzelknollen einer Gewürzlilie. Am besten je nach Bedarf ungeschält im Blitzhacker oder in der Gewürzmühle pulverisieren, dann ist das Aroma am reichsten. Frischer Ingwer wird geschält verwendet.

Italienisches Trockenbrot (ital. Carta da musica): In gut sortierten italienischen Feinkostgeschäften erhältlich. Das hauchdünne, helle Trockenbrot ist ein guter Ersatz für das in Ägypten verwendete Trockenbrot und wird für die Süßspeise Om Ali verwendet.

Joghurt: In vielen Haushalten der arabischen Welt wird Joghurt noch selbst hergestellt. Er ist recht säuerlich mit einer leicht krümeligen Sahneschicht obenauf. Am besten kauft man Joghurt beim türkischen Lebensmittelhändler, dort wird er in 1-kg-Behältern, ausdrücklich vermerkt ohne Geliermittel und Bindemittel, angeboten. Gut eignet sich auch Bulgara-Joghurt, der ohne Molke verwendet werden sollte.

Kardamom: In den dreifächrigen blaßgrünen Kapseln sitzen die kleinen dunkelbraunen bis schwarzen Samen, die im Mörser oder Blitzhacker pulverisiert werden. So behält der Kardamom sein sehr intensives, leicht scharfes Aroma. Das Gewürz wird in Süßspeisen, in Gewürzmischungen für herzhafte Gerichte und zum Parfümieren des Mokka auf der arabischen Halbinsel und im Vorderen Orient verwendet. Zu kaufen gibt es die Kapseln im asiatischen oder arabischen Lebensmittelhandel.

Karkadeh: dunkelrote bis violette Hibiskusblüten aus Ägypten und dem Sudan. In Ägypten kann man die getrockneten Blüten lose auf den Märkten kaufen, bei uns sind sie im Reformhaus lose unter der Bezeichnung Malvatee und in wenigen ägyptischen Lebensmittelgeschäften zu kaufen. Aus den Blüten wird ein kaltes oder heißes Getränk zubereitet.

Kichererbsen: Die getrockneten gelblichen, knotig-herzförmigen Erbsen müssen vor Verwendung über Nacht in reichlich Wasser eingeweicht werden. Kichererbsen haben eine lange Kochzeit, wenn sie richtig weich werden sollen. Getrocknete Kichererbsen bekommt man im gut sortierten Supermarkt, im türkischen, arabischen oder asiatischen Lebensmittelhandel sowie im Reformhaus.

Kokosnußpulver: getrocknetes, gemahlenes Kokosnußfleisch, in asiatischen Lebensmittelgeschäften unter der Bezeichnung »Coconut Powder« erhältlich. Mit Wasser verrührt, dient es als Ersatz für Kokosnußmilch.

Koriander: S. 29.

Kreuzkümmel: auch Kumin genannt. Die grüngrauen sichelartigen Samen am besten frisch mahlen oder im Mörser pulverisieren. Ganzer Kreuzkümmel ist in indischen oder arabischen Lebensmittelgeschäften erhältlich.

Kumin: → Kreuzkümmel.

Kurkuma: auch Gelbwurzpulver genannt. Die zu Pulver zermahlenen getrockneten Wurzelknollen geben vielen Fleisch- und Fischgerichten ein sanftes, leicht pfeffriges Aroma. Kurkuma gilt in der arabischen Küche auch als Safranersatz, obwohl er geschmacklich nicht mit Safran zu vergleichen ist. Gemahlenen Kurkuma gibt es im asiatischen Lebensmittelhandel oder in großen Supermärkten.

Linsen: → Geschälte rote Linsen.

Minze: Frische Minze wird sowohl im Tee als auch zum Aromatisieren vieler arabischer Gerichte verwendet. Frische Minze gibt es im gut sortierten Gemüse- oder Kräuterhandel. Getrocknete Minze, als Nana oder Nane beim arabischen oder türkischen Lebensmittelhändler erhältlich, kann für gekochte Gerichte als Ersatz verwendet werden.

Mokka-Kaffee: Den speziell gerösteten, besonders fein gemahlenen Kaffee gibt es in kleinen Päckchen im türkischen, griechischen oder arabischen Lebensmittelhandel. Manchen arabischen Produkten ist Kardamom beigemischt.

Naturjoghurt: → Joghurt.

Nilbarsch: Die 30–40 cm langen Fische eignen sich bestens zum Braten und Grillen. Man erhält sie in gut sortierten Fischgeschäften und der Fischabteilung großer Kaufhäuser. Im Geschmack kommen Rot- oder Meerbrassen dem Nilbarsch am nächsten.

Okraschoten: pelzige, blaß grüne, 3–7 cm lange Früchte. Im Sommer im gut sortierten Gemüsehandel oder im türkischen oder asiatischen Lebensmittelgeschäft frisch zu kaufen.

Orangenblütenwasser: S. 133. Man bekommt es in der Apotheke, im griechischen Lebensmittelgeschäft oder im Naturkostladen.

Peperoni: Die frischen dünnen, länglichen, dunkelgrünen oder roten Schoten haben einen unterschiedlichen Schärfegrad. Vor Verwendung am besten ein Stückchen probieren, damit das Gericht nicht zu scharf wird. Die Schärfe haftet an den Fingern und brennt stark, wenn man sie in die Augen bekommt. Nach dem Schneiden Hände gründlich waschen und nicht mit den Händen die Augen berühren. Verwendete Küchengeräte ebenfalls gründlich reinigen.

Piment: Die braunen Gewürzkörner kommen gemahlen in viele Gewürzmischungen und geben ihnen eine nelkenartige, leicht pfeffrige Note. Im gutsortierten Supermarkt oder im asiatischen Lebensmittelhandel zu bekommen.

Pinienkerne: Die kleinen schlanken, ovalen Samenkerne stammen aus den ausgereiften Zapfen der Steinpinie. Sie werden leicht ranzig, deshalb beim Einkauf unbedingt auf das Haltbarkeitsdatum achten! Bei uns werden Pinienkerne im türkischen Lebensmittelhandel und im Feinkostgeschäft angeboten. Sie sind recht teuer, werden aber auch nur in kleinen Mengen verwendet. Vorsicht beim Rösten in der Pfanne, sie verbrennen schnell.

Plättchen-Paprika: getrocknete, grob geschrotete rote Chilischoten. Erhältlich im türkischen oder arabischen Lebensmittelhandel.

Ras el-Hanout: Frei übersetzt »Mischung des Ladenbesitzers«, eine Mischung aus mindestens zehn verschiedenen Gewürzen, die in der nordafrikanischen Küche verwendet wird. Für eine einfache Version 2 TL schwarze Pfefferkörner, je 1 TL gemahlenen Ingwer, Kreuzkümmel, Zimt und Koriander, je ¼ TL geriebene Muskatnuß und Cayennepfeffer, je 4 Kardamomkapseln und Gewürznelken im Mörser pulverisieren, mischen, nach Rezept verwenden.

Reismehl: zu feinem Pulver gemahlener, geschälter Reis. Reismehl wird zum Andicken vieler Süßspeisen verwendet. Im Reformhaus oder asiatischen Lebensmittelgeschäften erhältlich.

Röhrchennudeln: Kurze Nudeln, die wie in kleine Stücke geschnittene Makkaroni aussehen. Als italienische Ware unter der Bezeichnung »Ditali« zu bekommen, aber auch in vielen türkischen Lebensmittelgeschäften ohne speziellen Namen.

Rosenwasser: S. 133.

Rundkornreis: Am besten bekommt man ihn im türkischen Lebensmittelgeschäft, dort wird er unter der Bezeichnung »Pirinç Pilavı« gehandelt.

Safran: Safran besitzt ein herbes, leicht scharfes Aroma und färbt die Speisen sattgelb. In der arabischen Küche wird Safran vorwiegend in Süßspeisen und herzhaften Reisgerichten verwendet, in Nordafrika in Fleisch- und Geflügelgerichten. Safranfäden vor Verwendung in etwas Flüssigkeit einweichen lassen.

Saubohnen → Foul-Bohnen.

Schwarzer Kümmel: auch → Schwarzer Sesam genannt, schmeckt harzig und wird in der arabischen Küche gerne auf Brot und Gebäck gestreut und mitgebakken. Zu kaufen in türkischen Lebensmittelläden unter dem Namen »Çörekotu«.

Schwarzer Sesam → Schwarzer Kümmel.

Sesam: Öl- und eiweißreiche Saat einer krautähnlichen Pflanze, die auch in Ägypten und Palästina angebaut wird. Sesam schmeckt leicht bitter und nußartig. Geschälter Sesam ist etwas milder im Geschmack. Die Körner werden zum Bestreuen von Gebäck verwendet oder gemahlen als → Sesampaste.

Sesampaste: auch Sesammus genannt (türk. Tahin, arab. Tahina). Die Paste aus gemahlenem Sesam wird vor allem in der Küche des Vorderen Orients häufig verwendet. Da sich das Öl im Glas nach kurzer Zeit von der Paste absetzt, alles vor Verwendung gut verrühren. Das Sesammus gibt es in türkischen und arabischen Lebensmittelgeschäften, sowie im Naturkostladen und im Reformhaus. Sesammus aus geschältem Sesam schmeckt milder als aus ungeschältem.

Sumak: Gewürz aus der getrockneten, mittelfein zerkleinerten Frucht des Gerber- bzw. Essigbrotbaumes. Sumak schmeckt leicht säuerlich und wird vorwiegend rohen Speisen wie Salaten beigefügt. Sumak bekommt man im türkischen oder arabischen Lebensmittelgeschäft.

Tahin: → Sesampaste.

Tajine: traditionelles Kochgerät aus Ton mit einer flachen Platte und einem kegelförmigen Deckel. Auch die darin zubereiteten Gerichte werden so benannt. Ein Tajine bekommt man mit etwas Glück in nordafrikanischen Lebensmittelgeschäften, oder man bringt sich das Gefäß direkt aus dem Urlaub mit. Die darin gegarten Gerichte schmoren, ähnlich wie in einem Römertopf, im Backofen im eigenen Saft.

Yufka-Teigblätter: in türkischen Lebensmittelgeschäften erhältliches Halbfertigprodukt. Die ovalen, etwa 40 x 60 cm großen Teigblätter werden zu Pasteten und Teigtaschen weiterverarbeitet.

Die Temperaturstufen bei Gasherden
variieren von Hersteller zu Hersteller. Welche Stufe Ihres Herdes der jeweils angegebenen Temperatur entspricht, entnehmen Sie bitte der Gebrauchsanweisung.

Abkürzungen:

TL	= Teelöffel
EL	= Eßlöffel
mind.	= mindestens
Msp.	= Messerspitze
kJ	= Kilojoule
kcal	= Kilokalorie
s.	= siehe
Var.	= Variante

Rezept- und Sachregister

Umschlag-Vorderseite: Das Bild zeigt Lamm-Couscous mit Gemüse (S. 109) Die Bilder ohne Bildunterschrift zeigen: Die Fotos auf S. 4/5 von oben im Uhrzeigersinn: Scheichs in ihrem Haus in Dubai (Bild 1), einen Muezzin in Alexandria (Bild 2), einen Kameltreiber (Bild 3), Folklore in Maskat, Oman (Bild 4), Kinder in Oman (Bild 5).
Das Foto auf Seite 8/9 zeigt einen Marokkaner beim Teekochen im Zelt.
Umschlag-Rückseite: Das Bild zeigt Vorbereitungen zum Kamelrennen in Dubai.

Petra Casparek

Petra Casparek, geboren und aufgewachsen in Köln, studierte Turkologie und Geschichte des Vorderen Orients sowie Volkskunde in München. Die freie Journalistin hat sich u.a. auf Food- und Reisethemen sowie Kulturgeschichte des Vorderen Orients und der Arabischen Halbinsel spezialisiert. Auf ihren zahlreichen Reisen sammelte sie berühmte Rezepte und Geschichten rund ums Kochen, die sie hier zum ersten Mal veröffentlicht.

Erika Casparek-Türkkan

Erika Casparek-Türkkan, Reise- und Foodjournalistin, lebt am Starnberger See. Seit vielen Jahren bereist sie den Mittelmeerraum und den Orient. Sie schrieb Reiseführer und vor allem Kochbücher, die Rezepte und kulinarische Traditionen der jeweiligen Regionen vorstellen. Hier schrieb sie über Jemen Oman, Libanon, Nordafrika und präsentiert die wichtigsten Rezepte.

Michael Brauner, Food Fotografie

Nach Abschluß der Fotoschule in Berlin arbeitete Michael Brauner als Fotoassistent bei namhaften Fotografen in Frankreich und Deutschland und machte sich dann 1984 selbständig. Sein individueller, atmosphärenreicher Stil ist überall geschätzt: in der Werbung sowie bei vielen bekannten Verlagen. In seinen Studios in Karlsruhe und Gordes (Provence) setzt er die Rezepte vieler Titel der Reihe »Küchen der Welt« stimmungsvoll ins Bild.

Beate Speck-Kafkoulas

ist 1953 in München geboren. Nach ihrem Kunsterziehungsstudium in München war sie als freischaffende Malerin und als Lehrerin an der Volkshochschule tätig. Seit 1992 nimmt sie am Seminar »Bild und Buch« bei Frau Professor Friedrich an der Akademie der bildenden Künste in München teil und arbeitet als freie Illustratorin.

Bildnachweis

Titelbild und Rezeptfotos:
Michael Brauner, Food Fotografie
Die Fotografen der Bilder im Inhaltsverzeichnis, des Kapitels »Land & Leute laden ein…« und der Produktinformationen: Michael Brauner, Food Fotografie, Karlsruhe: S. 29, 49, 81, 88, 114, 133
Andreas Bender, Waldems/Reichenbach: S. 14 (2)
edition vasco, Fürstenfeldbruck: S. 4/5 (Bild 4), 15, 17 (oben)
Werner Gartung/laif, Köln: S. 4/5 (Bild 3), 13 (oben), 23 (oben), 25 (unten)
Axel Krause/laif, Köln: S. 4/5 (Bild 2), 12 (oben), 20, 21 (2), Rückseite
Roland Marske, Berlin: S. 23 (unten), 125
Silvestris Fotoservice, Kastel: S. 16
Heiko Specht/laif, Köln: S. 8/9, 25 (oben)
Paul Spierenburg, Kiel: S. 4/5 (Bild 1, 5), 17 (unten), 18 (oben)
Thomas Stankiewicz, München: S. 18 (unten), 19
Stockfood Eising, München: S. 39
Klaus Thiele, Warburg: S. 10 (oben), 11 (2), 12 (unten), 13 (unten), 22, 24

Dankeschön

Für nützliche Informationen und wertvolle Hilfe bedanken sich die Autorinnen bei Frau Susanne Salm, München, Frau Susan Sultan, Frau Asmahan el-Kadi, Frau Karina Salem, Hamburg, Frau Maria Meiers, Köln, Herrn Abdul Khader und Abdallah Hareb, Dubai, den Köchen des Restaurants al-Boom, Dubai, Herrn Gustav Reukl, Kairo, Studiosus Reisen, München, Herrn Nuri Batouria, Hetzel Reisen, Monastir, Herrn Jebnoun Hedi, Kairouan, Sana und Fajes Sallam, Sanaa, Frau Nina Sondhi, München, Frau Renate Komes, Pressebüro Oman, Wiesbaden, Frau Bouchra Haffar, Beirut, sowie bei Frau Dr. Laila Atrache, München.
Dank auch an Royal Air Maroc für die Kulanz beim Übergepäck sowie an Oasis Objekte, Karlsruhe, für Requisiten.

Bestelladresse:
Harb Trading and Contracting GmbH
Potsdamer Straße 93, 10785 Berlin

Impressum

© 1996 Gräfe und Unzer Verlag GmbH, München.
Alle Rechte vorbehalten. Nachdruck, auch auszugsweise, sowie Verbreitung durch Film, Funk und Fernsehen, durch fotomechanische Wiedergabe, Tonträger und Datenverarbeitungssysteme jeder Art nur mit Genehmigung des Verlages.

Redaktion: Dr. Stephanie von Werz-Kovacs
Lektorat: Angela Hermann-Heene
Versuchsküche: Christine Hagmann-Beimes, Traute Hatterscheid, Dorothea Henghuber, Christa Konrad-Seiter, Marianne Obermayr
Illustrationen: Beate Speck-Kafkoulas
Rezeptfotos: Michael Brauner, Food Fotografie, Karlsruhe
Herstellung: VerlagsService Neuberger & Schaumann GmbH, Heimstetten
Karte: Huber, München
Gestaltung: Konstantin Kern
Reproduktion: Fotolito Longo, Bozen
Satz (DTP): Design-Typo-Print GmbH, Ismaning
Druck und Bindung: A. Mondadori Editore, Verona
ISBN 3-7742-2252-5

Auflage	5	4	3	2
Jahr	2000	99	98	97